SUR

LE MODE ET LA DURÉE

DU RENOUVELLEMENT

DE LA CHAMBRE DES DÉPUTÉS.

IMPRIMERIE DE FAIN, PLACE DE L'ODÉON.

SUR

LE MODE ET LA DURÉE

DU RENOUVELLEMENT

DE LA CHAMBRE

DES DÉPUTÉS;

PAR M. DE FRENILLY,

MEMBRE

DE LA CHAMBRE DES DÉPUTÉS.

PARIS,

DELAUNAY, LIBRAIRE

DE S. A. ROYALE MADAME LA DUCHESSE D'ORLÉANS,

PALAIS-ROYAL.

1824.

INTRODUCTION.

Occupé de soumettre à la session de 1824 mes idées sur la refonte du règlement de la chambre des députés, je m'étais consacré à des recherches de quelque étendue sur les dogmes, usages et traditions parlementaires de l'Angleterre. Je me proposais d'offrir bientôt à la chambre le résultat de ce travail, quand l'annonce du projet de changer le mode et la durée de son renouvellement est venue à la fois appeler mes idées vers cette nouvelle question, et me promettre du temps pour développer la première.

Toutefois, j'ai cru devoir laisser passer ces premiers momens où chacun juge, et où le public ne juge pas encore.

Tout le monde a parlé, écrit et jugé. M'étant fait la loi de tout lire, j'ai craint, en voyant la foule qui me précédait, de ne plus trouver qu'un désert après elle. Cependant j'ai cru m'apercevoir qu'elle laissait quelques vérités sur la route, et je viens les recueillir, après avoir laissé éteindre le premier feu des passions et des intérêts.

Mon but, dans cet opuscule, est d'épargner à mes collègues la pénible tâche que je me suis imposée, en offrant à la chambre, avant que cette grande question lui soit soumise, d'une part un court résumé des controverses qu'elle a subies, tant en France qu'en Angleterre, et tant dans la chambre que dans le public; de l'autre, un aperçu des motifs qui l'ont suscitée, des intérêts qui l'ont discutée, enfin des résultats qu'elle a eus ou qu'elle doit avoir.

J'ai été droit à ce but avec bonne foi et indépendance, désirant seulement m'éclairer et éclairer les autres.

Je n'ai donc recherché ni l'éclat des idées, ni le mérite du style, mais seulement l'impartialité des jugemens, la vérité des faits et des principes. Pour prix de cette rigueur que je me suis faite, je dois supplier le lecteur, qui daigne s'en tenir à la justesse et à la clarté, de me pardonner quelques développemens, des définitions répétées, des redites, des explications quelquefois trop longues, mais utiles pour éviter les objections, en en offrant d'avance la réplique.

Enfin je dois le prier de lire de suite les chapitres, sans s'arrêter aux notes, dont la lecture intercalée rompt l'enchaînement des idées. Si l'ouvrage a déplu, on les oublie; s'il a intéressé, on y revient. La même raison m'a déterminé à reléguer dans un appendice quelques citations, dont les idées m'ont paru mériter d'être discutées ou combattues. Les fondre dans le corps de cet écrit en eût troublé l'ordre et accru l'étendue. Il m'a paru convenable de laisser au lecteur la liberté de les lire ou de les négliger.

En parlant d'impartialité, je n'ai prétendu appliquer ce mot qu'au sentiment qui m'a guidé dans l'examen de la question et de ses accessoires, non pas à mon jugement sur la question même, croyant que tout esprit droit n'use de l'impartialité que pour arriver à une juste partialité dans toute chose où une opinion fixe est permise, et où la conviction est un devoir. Ainsi, après avoir lu et médité, je me suis fait une conviction mathématique de l'opinion où j'étais déjà, que la septennalité de la chambre des députés est utile, nécessaire et même indispensable à la France. C'est dans l'espoir de communiquer cette conviction, que je publie cet écrit.

SUR

LE MODE ET LA DURÉE

DU RENOUVELLEMENT

DE LA CHAMBRE DES DÉPUTÉS.

CHAPITRE PREMIER.

Du renouvellement partiel et du renouvellement intégral.

La question du renouvellement partiel dans les gouvernemens représentatifs en est encore aux expériences. Doit-on soumettre les états à des expériences? y doit-on persister quand leur succès est douteux?

Celle de la France ne s'est pas encore montrée favorable à ce système. En effet, si nous voulons l'observer dans les trois époques différentes où il a été tenté, nous verrons que dans les deux premières son succès même a prouvé contre lui, et que dans la troisième rien n'est encore prouvé, mais que les présomptions lui sont contraires. Parcourons rapidement ces trois époques.

Lors de la constitution dite de l'an 3, le renouvellement partiel fut inventé, non pour consolider l'état, mais pour prolonger l'anarchie. Il eut pour auteur un corps qui, chargé d'exécration et de crimes, certain de sa chute, inquiet du châtiment, aimait mieux les degrés que le précipice. Il eut pour instrument un homme qui, encore nul au présent, mais démesuré dans l'avenir, préférait la lente agonie de la convention au retour soudain des Bourbons. Si la convention eût été sûre de son empire, ce n'est certes pas une mort partielle qu'elle eût choisie, mais une perpétuité intégrale. Disons-le donc : elle choisit, non une manière de faire durer l'état, mais une manière de finir elle-même; et son renouvellement partiel ne fut pas un système de politique, mais une ressource de désespoir. Son succès fut tel qu'elle le désirait, l'oubli et l'amnistie : Quant à celui de consolider l'etat ou ses maîtres, chacun sait quelle en fut la durée. Bonaparte avait fait ce système en 1795 quand il prolongeait le désordre, il le défit en 1797 quand, malgré le système même, la France retournait vers l'ordre et la monarchie. Sans le canon de vendémiaire le renouvellement intégral eût sauvé en 1795, tout ce que le renouvellement partiel perdit depuis (1).

Lorsque Bonaparte tint les rênes de l'empire, il se souvint du 13 vendémiaire. Alors le renouvellement partiel avait prolongé la tyrannie à des mains faibles et déshonorées, il l'éterniserait donc à des mains fortes et victorieuses. Cet homme, qui travaillait pour lui seul et non pour la chambre, pour le despotisme et non pour l'état, vit tout d'abord les désavantages manifestes du renouvellement partiel pour la chambre qu'il morcelle, affaiblit et annule, et ses avantages manifestes pour le despote qui ne veut pas auprès de lui d'un corps solide et durable. Le renouvellement partiel lui convenait donc, et il l'adopta précisément parce qu'il était manifestement désavantageux à l'existence de la chambre, et justement dans le même esprit qui la lui fit instituer muette et élective au gré du sénat. Voilà ce qu'il vit en tyran, c'est-à-dire, en homme qui n'édifie que le despotisme d'un jour; mais il ne vit pas en roi, qu'un pouvoir institué muet, monnoyé et sans force pour résister au despotisme présent, est aussi institué sans force pour soutenir un jour le trône,

(1) Voir l'appendice.

l'état et les institutions. Tel fut donc le succès de ce renouvellement partiel; il agit fort bien pour le salut d'un tyran viager, c'était ce qu'il voulait; fort mal pour l'existence de la chambre, c'était ce dont il ne s'embarrassait guère; mortellement pour le trône futur, c'était ce qu'il n'avait garde de prévoir; les tyrans ne calculent pas pour la postérité.

Enfin, sous le règne de la charte il faut considérer, avant tout, l'époque de sa naissance; que dis-je? c'est là qu'il faut tout voir, c'est par-là qu'il faut expliquer comment le mode de renouvellement et de durée de la chambre ne s'est, pas plus que tant d'autres choses, conçu dans les conditions nécessaires d'une monarchie puissante mais limitée. Le respect des lois despotiques encore debout quand le despote était tombé; la timidité circonspecte avec laquelle on leur adossait un frêle bâtiment monarchique; la nécessité (si elle y était) de faire des lois séculaires là ou le présent n'était pas même à nous; l'Europe abusée, employant à affaiblir le trône les armes qui venaient de le relever; le besoin d'une chambre née de Bonaparte, mais favorable aux Bourbons; mille autres considérations qui appartiennent à l'histoire, imposèrent au trône la loi de subir ce mode de renouvellement partiel également mortel à lui et à la chambre, au moins jusqu'à ce que la force des choses, c'est-à-dire, une nouvelle sève répandue avec le temps dans l'arbre monarchique, lui rendît la force de secouer cette entrave. Cent jours de révolution vinrent redonner cette force : un renouvellement intégral s'en suivit; sept ans de durée à cette chambre, et un ministre loyal et royaliste qui l'eût à moitié suivie, à moitié dirigée, eussent dès lors affermi l'état. Mais la France plia une seconde fois sous cet ascendant révolutionnaire qui avait doué la charte à sa naissance.

Cependant à cette époque même, en 1816, le deuxième renouvellement intégral suivi d'une durée de sept ans, aurait dans sa nouvelle combinaison conservé aux dogmes royalistes un poids assez fort pour arrêter l'état dans sa chute. Qui donc l'accéléra ? le renouvellement partiel, qui vint démolir chaque année ce dernier rempart monarchique.

Enfin, quand trois renouvellemens partiels eurent mis le royaume au bord du précipice; quand la France effrayée se rejetait en arrière; quand l'esprit public, aidé d'une nouvelle loi électorale, ramena dans la chambre un cinquième, ami du trône, qui eût hâté le salut de l'état? le renouvellement intégral; car, en consultant l'opinion générale, au lieu de sa fraction il eût donné à la chambre quatre cinquièmes égaux au premier, et eût immédiatement rétabli ce qui n'a pu l'être que par trois ans de langueur et de combats !

Ainsi, si nous résumons ces trois époques, dans la première, le renouvellement partiel prolongea la révolution ; dans la seconde, il perpétua la tyrannie ; dans la troisième, il empêche la monarchie de renaître. Dans la première, le renouvellement intégral eût restauré la monarchie ; dans la seconde, il eût entravé la tyrannie ; dans la troisième, il eût consolidé l'état et le trône.

Je sais bien qu'on peut parler d'une quatrième époque ; et comme dans celle-là le renouvellement partiel n'a pas été tenté, les esprits systématiques ont le champ libre pour y bâtir des hypothèses, prouver son excellence, et y voir le salut de la France attaché ; c'est celle de l'assemblée constituante. Mais si en l'an 3 la France, fatiguée de mouvement, subit le honteux renouvellement partiel de la convention, croira-t-on qu'en 1791, toute grosse d'orages, toute agitée de puissance, quand cette assemblée vieillie avait cessé d'en être une, elle eût accepté un pareil joug! et l'eût-elle même accepté, qui peut douter que dès la première fois son renouvellement énergumène n'eût entraîné les choses aux derniers excès, et que le premier renouvellement partiel n'eût aussi été le dernier.

J'ai cru devoir commencer par établir que dans le gouvernement représentatif où le renouvellement partiel a été le plus pratiqué, l'épreuve, jusques et compris l'année 1824 où nous sommes, n'a fondé aucun préjugé en sa faveur. J'espère l'avoir suffisamment démontré. Laissons donc maintenant le passé, et raisonnons en thèse générale sur le présent et l'avenir, dans les données actuelles de la France.

Nous sommes obligés d'envisager la question du renouvellement partiel et du renouvellement intégral dans la monarchie, sous trois rapports différens, quoique intimes entre eux : la chambre, le trône, l'état.

Si cette question s'agitait dans une république, ou dans une monarchie privée du droit de dissoudre, c'est-à-dire dans une république déguisée, on n'aurait à la considérer que dans l'intérêt de la chambre même.

Dans cette situation, le renouvellement partiel produirait véritablement son seul effet important, le seul qui me paraisse appeler les méditations de l'homme d'état, celui de rendre la chambre une, éternelle et indéfectible. Elle le serait, il faudrait qu'elle le fût, et par-là elle deviendrait incessamment une aristocratie, ce qui ferait subsister la république; car partout où il y a aristocratie, c'est-à-dire fondation, toute forme de gouvernement peut durer.

Toutefois, ce résultat naturel ne pourrait arriver qu'autant que le renouvellement partiel, qui perpétuerait la chambre, serait un moyen de paix et non d'agitation, de permanence et non de vicissitude, et par conséquent qu'autant qu'il s'opérerait par des moyens calmes et à des époques éloignées; car ceux qui inclinent aujourd'hui vers le renouvellement annuel par des idées de fusion douce et insensible dans la chambre, semblent ne pas regarder au delà de ses murs, et ne s'aperçoivent pas que cet avantage, s'il existe, s'achète par une agitation annuelle et générale au dehors (car l'élection est partielle, mais le mouvement général), qu'elle se perpétue dans la nation, et rapporte nécessairement dans la chambre l'impulsion et les élémens de trouble qui sont devenus le caractère de l'état.

Mais ce sont là de pures hypothèses, que nous n'essayons que parce que leur application devient négative dans celle tout opposée d'un état réellement monarchique, et qu'il n'est pas inutile de leur en avoir d'avance interdit l'entrée.

S'il s'agit donc d'une vraie monarchie, nous devons, je le répète, considérer la question du renouvellement partiel ou du renouvellement intégral, non-seulement dans l'intérêt de la chambre qu'on peut dissoudre, mais encore dans celui du monarque qui a droit de le faire, et dans celui de l'état pour lequel cette prérogative s'exerce.

Et d'abord, à l'égard de la chambre, le principe d'indéfectibilité, virtuellement comprise dans le système du renouvellement partiel, doit, ou détruire le droit de dissoudre, ou être détruit par lui. Il doit le détruire, si ce principe fortement constitué, conséquent à lui-même, et produisant ses fruits malgré les lois et les hommes, vient à exalter la chambre aux dépens du trône, et à ranger le droit de dissoudre dans la même classe que le *veto* des rois d'Angleterre. Il doit être détruit par lui, s'il est assez faiblement constitué pour que la pratique du droit de dissoudre l'annule, en rappelant incessamment la chambre, de la rotation uniforme du renouvellement partiel à la révolution imprévue du renouvellement intégral.

Je ne vois pas de choix entre ces deux extrêmes, dont l'un usurpe le trône, l'autre neutralise la chambre, l'un ou l'autre effets fâcheux et inévitables du renouvellement partiel. A dire le vrai, le premier est peu à redouter en France, où la balance (1) entre le pouvoir immense du trône, et la puissance bornée de la chambre, est heureusement trop inégale pour permettre de pareilles craintes; mais par les mêmes motifs, on doit nécessairement craindre le second pour une chambre naissante, faible, et annuellement morcelée.

Le renouvellement partiel dans les conditions données, n'aura donc pas pour elle le seul avantage que je lui connaisse, unité, durée, indéfectibilité.

Il affaiblit donc la chambre.

Mais allons plus loin. Le renouvellement partiel, soumis à une pratique annuelle, peut-

(1) Je dis *balance* pour les amateurs de ce mot que je crois faux, et de ce système que je ne vois nulle part. Je me suis expliqué à cet égard au chap. III de mon ouvrage sur les assemblées représentatives.

il, dans quelque condition que ce soit, imprimer à une chambre le caractère d'indéfectibilité ? N'est-ce pas seulement de nom qu'il le lui donne ? et n'est-ce pas au contraire le renouvellement intégral qui le lui donne en réalité s'il s'exerce à des distances suffisantes? Il ne faut pas se laisser prendre aux mots, si la chose qu'ils couvrent leur est opposée.

Voici une chambre qui se renouvelle annuellement et à perpétuité (ces deux mots se contrarient beaucoup), de cinquième en cinquième, sauf le droit de dissoudre; et je supposerai même que la couronne n'en use pas une fois en vingt ans. C'est toujours la même; elle est indéfectible, dira-t-on. — Oui, dans son nom, dans ses sessions, dans tous ses attributs matériels; mais dans le fait, si chaque cinquième a changé d'autant ses membres et ses opinions, au bout de cinq ans elle est moralement et totalement métamorphosée; il y a eu défection complète; et c'est ce qu'on doit attendre, non du dogme et de la forme du renouvellement partiel en lui-même; mais, comme je l'ai dit, de l'esprit d'agitation, de mobilité et d'ambition qu'il nourrit dans le pays qui l'adopte.

Je choisis même ici la supposition la plus avantageuse; car dans l'état mobile et incertain d'un royaume et d'une chambre ainsi gouvernés, il peut arriver, et nous l'avons vu, qu'un seul cinquième change la majorité et produise par conséquent la défection complète et le même effet que le renouvellement intégral.

Voici, au contraire, une chambre qui se renouvelle intégralement au bout de sept, dix, douze ans révolus. C'est bien matériellement une nouvelle chambre qui naît; l'autre est morte, et il y a mutation complète. Oui dans le nom, la date et la forme; mais si la nouvelle chambre ramène les mêmes principes et les mêmes hommes ou leurs analogues, c'est, dans le vrai, la même chambre qui subsiste; il n'y a pas défection, et c'est ce qu'on doit attendre, non des dogmes du renouvellement intégral en lui-même, mais de l'esprit de concorde, de permanence et d'uniformité qu'il doit répandre dans le pays où il existe.

Nous considèrerons maintenant le renouvellement partiel ou intégral dans ses rapports avec le monarque.

On a dit et répété que le mode de renouvellement partiel lui était avantageux, parce qu'il affaiblissait la chambre.

Qu'il affaiblisse la chambre, j'ai déjà montré que je le pensais, parce que (et c'est un bonheur) je ne trouve pas en France les élémens nécessaires pour qu'il puisse en venir à perpétuer cette chambre, en neutralisant le droit de dissoudre, et qu'alors, incapable de l'agrandir par son développement, il reste capable de l'affaiblir par sa mobilité.

Que cet affaiblissement soit profitable au trône, j'ai aussi laissé voir combien mes idées étaient opposées à cette opinion. Le renouvellement partiel fut conçu, en 1814, dans un principe d'affaiblissement pour la chambre; car il y a je ne sais quelle ligue d'instinct entre les semblables, qui fait qu'un gouvernement faible aime mieux être soutenu par des faiblesses que par des forces (1). Celles-ci peuvent le combattre; les autres ne font que le laisser tomber : ce n'est plus une force qui résiste, ce sont deux faiblesses qui s'en vont ensemble. Mes idées, à cet égard, diffèrent, je l'avoue, de celles de beaucoup de personnes, et même le plus souvent de celles qui tiennent les rê-

(1) Le faible qui est petit se sent faible et cherche l'appui du fort. Le faible qui est grand se croit fort et cherche la dépendance du faible. Ainsi, sous un roi faible, on peut voir un ministre fort imposé, mais jamais choisi.

nes de l'état. Il n'y a guère de gouvernement qui ne vive dans cette idée, qu'il se soutiendra mieux seul qu'entouré, qui ne traite les pouvoirs d'obstacles, et les résistances d'ennemis.

Et cependant, depuis le temps antique où le trône dut affaiblir les grands, parce qu'ils étaient, à son égard, des puissances étrangères, autant ou plus fortes que lui; depuis ce temps, dis-je, le trône n'a jamais été affaibli ni pu l'être que par lui-même. Un roi fort eût prospéré par les Guises; un roi faible les assassine et n'en est pas plus fort. Un roi fort eût maîtrisé les huguenots; un roi faible les massacre et n'en est pas plus fort. Un roi fort contient les parlemens; un roi faible les casse ou les exile et n'en pas plus fort. Partout vous voyez la faiblesse croître des forces qu'elle détruit; partout la force profiter de celles qu'elle conserve. Eh, grand Dieu! dans un temps, dans un pays où l'état est tellement dissous, qu'il n'en reste d'entier que le monarque et l'armée, où la faiblesse de la monarchie est devenue complète et la force du roi sans mesure, on craint de créer des puissances qui ressusciteraient la première, de peur qu'elles ne gênassent un peu le second; on craint de relever quelques tertres là où la table est rasée par la révolution, nivelée par le despotisme, et où un Bonaparte, s'il était sur le trône, pourrait encore faucher comme au premier jour. Ah! relevez des tertres, des collines, des montagnes si vous pouvez; ralliez la poussière éparse que chaque jour subdivise; vous ne créerez d'un siècle, tous vos efforts y fussent-ils, des forces qui puissent embarrasser le trône : faites enfin une chambre solide, homogène, compacte et durable; faites au moins des forces de sept ans, puisque vous n'en pouvez faire d'éternelles : tout ce que vous donnez à la durée, vous le donnerez à la monarchie.

Je ne voulais faire qu'un raisonnement et j'ai fait une digression. Je me hâte d'en revenir, d'autant plus qu'en parlant de la monarchie j'ai réellement empiété sur ce qui me reste à dire, le renouvellement partiel ou intégral, considéré par rapport à l'état et à l'administration.

Le renouvellement partiel est la source d'où découle et se nourrit l'esprit de changement et d'agitation qui règne dans l'état; cet esprit où tout semble annuel comme la chambre, où tout, ambition, projets, faveur, disgrâce, semble soumis à la révolution du zodiaque, ou d'année en année on passe sans intervalle de l'espoir d'un cinquième qui naît à l'effroi d'un cinquième qui meurt, où par suite rien ne peut croître et vivre âge d'homme, et dès lors rien ne naît de ce qui doit durer; dans l'ordre politique les grands systèmes et les vastes conceptions; dans l'ordre moral les institutions solides et profondes; dans l'ordre civil les développemens de l'agriculture, les hautes entreprises du commerce; enfin, la confiance, mère de tout ce qui s'accroît, et fille de tout ce qui persiste; en sorte que si vous vouliez scruter dans la moindre branche du commerce ou de l'agriculture, d'où vient cette léthargie et ce malaise, dont nous les voyons aujourd'hui travaillés, tandis qu'on proclame dans les carrefours et même dans les tribunes, la prospérité qui se cote à la Bourse, une analyse exacte vous mènerait jusqu'à la mobilité politique où vous trouveriez la source de tous ces maux (1).

(1) Un des orateurs les plus élégans et les plus judicieux de la chambre introuvable, M. Michaux, disait en 1816, en parlant de cette mobilité, « Tel est le malheureux esprit qui a fait notre révolution, qui l'a » prolongée, qui peut la prolonger encore... si vous » n'accoutumez le peuple à voir pendant quelque temps » au moins, les mêmes hommes dans les assemblées.... Le renouvellement successif admis en concurrence

Nous parlons de l'effet que produit le renouvellement partiel sur l'état dans l'état même. Que dire de celui qu'il produit sur l'état dans la chambre où nuls plans ne peuvent s'élaborer, nulles lois se mûrir, nuls travaux se digérer; enfin, où rien ne naît de tout ce qui a besoin de naître pour que la société vive, parce que rien dans un état de modification perpétuelle n'a l'espoir de vivre et de se perpétuer?

Que dire de celui qu'il produit sur l'état dans l'administration, qui roule avec tout l'ordre public dans le tourbillon dont l'influence la pénètre, l'entrave et la volatilise? car là où la chambre est mobile on trouve des ministres mobiles, des préfets mobiles, des procureurs du roi mobiles, soit par l'ambition d'autrui qui les chasse, soit par la leur propre qui les pousse. L'administration est

» avec l'exercice de la prérogative royale (de dissoudre), ne fera qu'entretenir la funeste disposition des » esprits à toute espèce de changemens. »

Le même orateur ajoutait: « Souvent la sagesse d'une » assemblée dépend de la conscience qu'elle a de sa durée. Plus vous abrégerez l'existence politique des députés, plus ils seront pressés d'agir, moins ils auront » de cette sage patience qui souffre le mal qu'on ne peut » empêcher, qui sait attendre l'occasion, etc. »

un perpétuel A B C que nul n'a le temps d'apprendre, et que d'ailleurs sa mobilité rend plus difficile encore. On a ri de ce qu'un écrivain célèbre avait imprimé franchement que le ministère ne pouvait s'occuper éternellement que des chambres et des élections : on lui a répondu naïvement, « Ne vous occupez ni des unes ni des autres, » comme si c'était ici une question de morale et non une question de fait, comme si la conscience la plus libérale pouvait nier que dans les données qu'on nous a faites et dans l'esprit du gouvernement représentatif, le ministère, bien ou mal devant Dieu, mais inévitablement devant les hommes, ne peut faire autre chose que d'opter entre, être incessamment occupé de ces deux affaires, ou tomber et être sifflé par les libéraux même pour s'être reposé de son existence sur son ingénuité politique.

Que dire enfin de celui qu'il produit sur les mœurs, sur les caractères, sur l'état général ou intime de la société la plus parfaite que la civilisation eût encore formée, et qui va incessamment perdant ses charmes, son urbanité, sa douceur, tout ce qui fait enfin que l'homme jouit et prospère (ce qui est au fond la fin de toute constitution) pour prendre la roideur et l'âpreté des gouvernemens représentatifs, greffée sur la versatilité d'une organisation ambulante?

Quand même le renouvellement intégral me promettrait une agitation générale tous les sept ans, ce que sept ans de calme rendrait peu probable (1), j'aimerais mieux une agitation générale après sept ans de paix, qu'une agitation même partielle (et elle est générale) après un an de malaise et d'inquiétude.

(1) L'agitation septennale de l'Angleterre n'est point une agitation d'état, mais de taverne.

CHAPITRE II.

De la dissolution de la chambre dans les deux hypothèses du renouvellement partiel et du renouvellement intégral.

Le droit de dissoudre la chambre est, dans le gouvernement représentatif, la seule clause qui empêche sa constitution d'être républicaine.

L'exercice de ce droit est la seule chose (bien entendu la seule des choses placées dans le cercle de la constitution), qui empêche l'état de devenir une république. l'Angleterre le devint, quand il fut ôté à Charles Ier., la France, quand il fut refusé à Louis XVI.

L'initiative est aussi un rempart du trône; je ne parle que d'elle, parce que le droit de *veto* n'est rien là où elle manque.

Toutefois l'initiative périrait bientôt aussi là où manquerait le droit de dissoudre.

L'une est, à vrai dire, le droit d'ouvrir la chambre, et l'autre celui de la fermer. Otez ces deux droits, le trône est dans la chambre.

Cela est ainsi en Angleterre où le roi n'exerce l'initiative qui ne lui appartient pas, et la dissolution qui lui appartient, qu'au gré de l'aristocratie et par un pacte avec elle. Cela est ainsi sans doute, mais ce trône tombé dans les chambres l'est dans une aristocratie; la base est solide; il y trouve pied, il y reste. S'il tombait ainsi en France, Dieu sait où il tomberait, jusqu'où il tomberait, et combien certainement les chambres tomberaient avec lui!

Ce droit de glaive, ce droit de dissoudre, qui est en avant des remparts du trône, ne doit donc point rouiller dans le fourreau. La stabilité, l'uniformité, si bonnes soient-elles, et elles sont certainement la vie des empires, tendent à la prescription : or il ne faut pas laisser prescrire dans la paix des droits qui sont l'arme d'une guerre possible, de peur qu'elle ne manque au jour du besoin, ou bien qu'elle ne soit aux peuples étonnés un signal de détresse et d'agitations. On a tourné en plaisanterie cette idée de dissoudre sans autre motif que d'en exercer le droit ; elle n'en est pas moins juste et profonde (1).

(1) M. Royer-Collard disait, en 1816 : « La dissolution ne doit pas être un ressort habituel du trône. » A Dieu ne plaise! mais il ne faut pas non plus qu'il soit un ressort négligé.

Dans quel ordre de choses le droit de dissoudre s'exercera-t-il avec plus d'avantages, avec moins d'inconvéniens? est-ce dans le renouvellement partiel? est-ce dans le renouvellement intégral?

Dans l'ordre du renouvellement partiel il y a, comme nous l'avons dit plus haut, une pensée de perpétuité, d'*indéfectibilité,* qui répugne au droit de dissoudre. Ce droit y est en contraste; il dérange l'harmonie de l'ordre établi en jetant au milieu de la révolution lente et fractionnaire une révolution subite et intégrale, et détruisant à chaque fois pour cinq ans l'égalité qui compète à chaque député. Il est donc toujours hors de place; il est un coup de foudre qui brise la chambre; il est toujours et inévitablement un accident qui étonne et agite l'empire; c'est un remède héroïque qui peut faire plus de mal que de bien: il intimide le médecin même, et plus la circonstance a de force pour l'exiger, moins le pouvoir s'en trouve pour l'appliquer. En voilà plus qu'il ne faut pour que dans un cours donné d'années le droit de dissoudre passe de la difficulté à la rareté, et de la rareté à la désuétude.

Mais dans l'ordre du renouvellement intégral, au contraire, l'époque des dissolutions est en quelque sorte aussi fixe que la durée de la chambre. Un usage devenu en quelque sorte loi en Angleterre, et que tout tend à établir de même en France, ne permet pas au droit de dissoudre un trop long sommeil, et lui donne un exercice presque périodique en dissolvant chaque parlement quand il approche de sa fin. Par conséquent cette dissolution, dans une parfaite harmonie avec le mode du renouvellement, n'est ni difficile pour le prince qui l'exerce, ni alarmant pour l'état qui l'éprouve.

Ainsi dans le renouvellement partiel la dissolution est toujours un coup d'état; dans le renouvellement intégral elle est à volonté, et suivant les besoins du trône et de l'état, un mode ordinaire et prévu, ou un coup subit et inattendu.

Disons plus, l'article 37 de la charte qui donne cinq ans d'exercice à chaque député, cet article condamné à Gand, réhabilité à Paris, ne peut s'exécuter que si la chambre n'est jamais dissoute. Si on la dissout, à quelque époque que ce soit, il y a renversement du système, et on recommence à avoir des députés qui n'exercent pas cinq ans. Cassez la chambre seulement une fois tous les cinq ans, et de l'éternité vous n'aurez de députés égaux et quinquenaux, et de l'éternité l'article 37 ne sera exécuté. Son inexécution partira d'un empêchement légal, j'en conviens, et je ne discute pas le titre, mais bien le fait, d'où il résultera réellement que l'article 37 sera nul. Mais, me dira-t-on, vous pouvez en dire autant du renouvellement septennaire intégral; si on dissout tous les six ans, vous n'aurez jamais de députés qui en siégent sept. Sans doute, mais avec cette différence, que l'égalité subsistera entre eux, et que la dissolution ne l'altèrera pas; au lieu que la dissolution appliquée tous les cinq ans au renouvellement partiel composera éternellement la chambre de cinq fortunes différentes qu'on croit égaliser par un tirage de loterie.

Ce n'est pas une des moins fâcheuses conséquences de l'article 37 que cet ordre de loterie politique, ordre exempt de dignité, ordre qui ajoute quelque mobilité de plus à la mobilité du renouvellement partiel; ordre enfin qui établit entre les députés une égalité de mots, celle de la chance, et réellement une entière inégalité de fait, puisqu'en supposant deux tirages en dix ans, de deux députés deux fois élus, l'un pourrait en siéger dix et l'autre deux. L'état doit aux députés l'égalité et non la possibilité d'être égaux; c'est un véritable sophisme de prendre l'un pour l'autre.

CHAPITRE III.

Du pouvoir de modifier la charte.

Les rois avaient seuls en France le droit de faire des lois. Pour nous, ce droit émane de Dieu, pour un whig il émane du peuple; pour un autre, de la conquête et de la prescription; n'importe, là où les siècles ont passé, il y a droit.

L'enregistrement des parlemens était une authentication; ils l'érigèrent en *veto* suspensif. S'il n'y eût eu qu'un parlement en France, si les pairs y eussent mis leur puissance, un règne faible eût pu rendre le *veto* absolu; le droit de législation eût été partagé. Cela ne fut pas. Le roi de France resta donc législateur suprême et incontesté.

Mais entendrons-nous par-là que le roi pouvait *faire tout*, comme cela se dit du parlement d'Angleterre? Non, car le droit de *faire tout*, n'est de conséquence nécessaire que dans le dogme de la souveraineté du peuple: c'est la religion des whigs; ce serait celle des libéraux, s'ils étaient conséquens, ou s'ils étaient maîtres.

Ce droit serait au contraire d'une inconséquence absolue, là où le pouvoir est reconnu de droit divin (1).

Dans le premier, le principe du pouvoir est le peuple; il l'exerce lui-même en parlement (car le parlement d'Angleterre est le

(1) Je rapporterai ici un passage curieux de la discussion septennale de l'Angleterre en 1716. M. Shippen, membre opposant des communes, dit ces paroles qui peut-être sembleraient aujourd'hui étranges dans le parlement anglais. « Je paraîtrai peut-être présomp- » tueux en affirmant dans le présent parlement qui » a donné tant de preuves de son omnipotence, *que* » *les trois pouvoirs mêmes de la législation ne peu-* » *vent pas fair e toutes choses.* Je penserai toujours » que, quoique ce soit une maxime reçue de science » civile, que la suprême législature ne peut être bornée » par rien; cependant, une exception im licite doit y » être sous-entendue, savoir qu'elle ne peut renverser » les fondemens sur lesquels elle repose elle-même. »

Sans doute M. Shippen avait tort dans l'application de son principe, parce que la du ée triennale ou septennale de la chambre n'était pas plus le fondement sur lequel reposait la souveraineté du parlement que ne l'avait été son ancienne durée illimitée; mais il n'en énonçait pas moins un principe excellent en lui-même, et en niant qu'un parlement *pût tout*, il repoussait de fait la souveraineté du peuple, et plaçait au-dessus de l'autorité parlementaire l'autorité divine qui lui imposait des bornes.

peuple anglais) ; il n'a ni bornes, ni conditions ; il peut tout, ou croit pouvoir tout, dans un cercle indéfini.

Dans le second, le principe du pouvoir est Dieu ; il l'exerce par un mandataire qui a des bornes et des conditions, et qui ne peut tout que dans un cercle défini.

Telle est en France l'omnipotence du souverain ; elle a des bornes, puisqu'elle est une mission.

Telle elle est en Angleterre ; elle n'a point de bornes, parce qu'elle est, ou croit être, une autocratie.

Ainsi le droit du peuple faisait du parlement anglais un despotisme absolu et turbulent, parce que la souveraineté définitive y était au peuple qui est violent et mobile ; et le droit divin faisait du trône de France une monarchie limitée et tranquille, parce que la souveraineté définitive y était à Dieu, qui est immuable. C'est ainsi que de ce dogme attaché à la glèbe, la souveraineté du peuple, et de ce dogme suspendu au ciel, la souveraineté de droit divin, découlent, pour l'un l'agitation, l'arbitraire et la violence ; pour l'autre la stabilité, la paix et les mœurs douces et sociales (1).

(1) Comme le dogme de la souveraineté du peuple n'est

Maintenant quelles étaient en France ces limites d'un roi legislateur souverain? Quel est le cercle qu'il ne pouvait dépasser?

Le voici :

Il ne pouvait faire des lois supérieures à lui-même; et ici je me sers à regret du mot de *lois*, pour désigner un ordre de statuts que la main des hommes ne doit pas toucher, comme la succession de la couronne, la religion de l'état, le droit de gouvernement, de justice, de paix et de guerre, etc.; tous ces droits qui étaient, non les droits du roi, mais les droits de la couronne ou de la nation, c'est tout un, étaient substitués de race en race. Le roi, simple usufruitier, pouvait les exercer, non les aliéner.

A l'égard des lois d'un degré inférieur, c'est-à-dire celles qui réglaient l'exercice des premières; si élevées fussent-elles encore, le roi de France en était l'arbitre absolu.

Telle était l'omnipotence française, moins

autre chose qu'un athéisme politique, on s'imagine qu'il faut être un esprit fort pour y croire. Cette idée n'est pourtant qu'une idée plate et faible qui se présente d'emblée à tout esprit médiocre, association de marchands qui s'élisent un syndic, etc. On ne voit que cela partout, et on s'élève routinièrement de copie en copie jusqu'au trône.

haute et plus chrétienne que celle d'Angleterre.

Ici on me dira peut-être : qui empêchait ce roi tout-puissant d'attenter à ces lois supérieures à lui-même ? de les augmenter ou de les restreindre ?

Ce qui empêche la toute-puissance humaine d'excéder ses bornes ; ce qui empêche le despote ottoman de détruire l'uléma ou de supprimer le muphty ; ce ne sont pas alors les lois mortelles et leurs routes communes, ce sont les lois divines et leurs voies inexplicables.

Si le pouvoir souverain méconnaît ses bornes, soit despotisme qu'il exerce pour les étendre, soit anarchie qu'il souffre pour les restreindre, ce n'est plus loi, c'est force contre la loi, c'est révolution. Alors vient, ou un Bonaparte, qui supprime les droits du peuple et le peuple même, ou une convention, qui supprime les droits du trône et le trône même. Ces voies surhumaines sont celles de Dieu, qui s'interposent là où l'ordre humain ne peut plus se suffire, et le ramènent par l'expérience et le châtiment des extrêmes, dans les limites que le ciel a posées, et où se retrouve conservée l'essence indélébile des droits de la couronne.

Mais dans ces tempêtes par lesquelles le ciel instruit et restaure les trônes et les peuples, il en est de si violentes qu'elles ont créé ou plutôt manifesté de nouvelles nécessités, détruit des poids qu'il faut compenser, etc. : alors le ciel, comme autrefois Rome, donne pour un moment un dictateur aux nations, et permet, s'il le faut, qu'il touche à quelques-unes de ces lois supérieures aux rois mêmes.

Tel fut Louis XVIII au jour de la restauration, et cette puissance fut donnée pour la première fois depuis huit siècles : tant ces exemples sont redoutables et rares !

Alors il usa de deux droits, et on put considérer en lui deux personnes. Comme roi de France, maître, à l'instar de ses ancêtres, de la législation absolue dans des bornes données, il fit des lois pour coordonner l'état restauré, établir la hiérarchie et le rapport entre ses forces, régler leur action et leur marche.

Comme dictateur investi par le ciel de la législation au delà des limites communes, il lui fut permis de partager en trois le droit de législation qui résidait en lui seul, et d'en déterminer l'exercice en ne se réservant d'absolu que le droit négatif par l'initiative et la dissolution (1).

Après cela, le livre des expériences fut fermé, la dictature finit; et la souveraineté rentra dans ses bornes.

La puissance législative resta donc essentiellement la même qu'elle était avant la révolution, sauf que ce qui était *un* en une seule personne devint *un* en trois, et que nous appelâmes *parlement* le législateur que nous avions appelé *roi*.

La législation absolue dans les bornes posées à la souveraineté de droit divin devint alors l'*omnipotence parlementaire*.

Un code fut écrit, on l'appela charte; on y plaça les lois que le roi avait faites comme roi, que lui seul a pu faire, et qu'aujourd'hui le parlement seul peut faire, défaire et changer; c'est le domaine de son omnipotence.

Mais on fit plus; on y plaça encore celles qu'il avait faites comme dictateur, et qu'il

(1) Le droit de *veto* n'existe pas là où l'initiative n'appartient pas aux chambres. Le droit de sanction n'est pas un droit que le roi possède en sus des chambres, comme l'initiative et la dissolution : il est simplement le tiers du pouvoir législatif que le roi s'est réservé.

ne dépend ni de lui ni du parlement d'altérer.

Nous ne nions point que cette institution nouvelle ne dût y être placée en tant que nouvelle, et opérant dans le pouvoir législatif un changement qu'il importait de proclamer aux yeux de la nation; mais elle eût dû y occuper un ordre à part, comme elle est à part, et par sa nature, et par la nature exceptionnelle du pouvoir qui l'a fondée.

Mais on fit plus encore; on plaça dans cette même charte des institutions ou plutôt des droits et des prérogatives d'un ordre supérieur encore, s'il est possible, des droits que ni dans notre monarchie commune, ni dans la puissance extraordinaire de 1814, aucun roi n'eut ni le pouvoir ni la prétention de créer, comme ceux entre autres portés dans les chapitres 1, 4, 6, 14, 57 et 67 de la charte, sur l'égalité légale, la liberté, la religion, la propriété, la prérogative inhérente à la couronne, le principe de la justice, etc.

En lisant ces fondemens de la monarchie, ces propriétés imprescritibles, que nulle main d'homme ne peut toucher, à côté des simples institutions qui en règlent l'exercice, on se demande, d'une part, pourquoi d'autres choses du même ordre s'y trouvent omises, comme les principes de l'hérédité du trône, ceux des minorités, des régences, l'inaliénabilité des domaines de la couronne, etc., et comment le juste sentiment qui les a fait omettre n'en a pas également écarté celles dont nous venons de parler; de l'autre, si on n'a pas craint, en accollant à des institutions humaines et passibles de l'omnipotence parlementaire, des institutions divines et supérieures aux délibérations mortelles, de tromper l'esprit des hommes et de leur persuader par cette confusion, ou que des lois divines étaient muables et sous l'empire parlementaire comme des lois humaines, ou que des lois humaines étaient sacrées et inviolables comme les lois divines.

Certes, nous oserons le dire, ce fut une grave erreur, et qui montre combien sont heureux les peuples dont les chartes se font seules et dans le cours des siècles; car chez eux l'esprit des lois naît avant les lois mêmes, et elles y sont expliquées avant d'être faites; au lieu que chez les autres l'interprétation ne vient qu'après le texte, et il gouverne l'avenir sans le connaître.

Mais puisque le ciel n'a pas donné à la France de choisir, et que la révolution l'avait faite telle qu'il a fallu que ses institutions vinssent avant ses annales, réparons autant qu'il est en nous cet insigne malheur, et efforçons-nous de donner à nos institutions nouvelles, par une sage appréciation et un juste sentiment de leur importance relative, le poids également relatif que les générations leur eussent assigné, si la Providence les eût fait naître par degré avec elles.

Classons, séparons dans notre pensée ce que la charte n'avait pas besoin d'écrire, parce qu'il était écrit plus haut qu'elle, et ce qu'elle a dû écrire, parce qu'il était dans le cercle où Dieu nous permet d'instituer.

Nous trouverons ainsi, d'un côté ce qui est inviolable et sacré pour l'homme, et nous considérerons ces articles comme une simple déclaration de droits exposée pour l'instruction des peuples.

Nous trouverons de l'autre ce qui est du ressort de la législation humaine, et nous considérerons ces articles plus particulièrement comme la charte, comme le code politique que le souverain, naguère en une personne, aujourd'hui en trois, a pu, peut et pourra incontestablement créer et modifier (1).

(1) Voir l'appendice.

Nous ne nous servirons donc point de ces mots spécieux où la rigueur du terme fausse la justesse de l'idée, « le Roi a donné la charte donc il l'a aliénée ; » comme s'il s'agissait d'un pouvoir qui se fût dessaisi, dévêtu au profit d'un autre pouvoir, tandis qu'il n'y a ici que continuation et perpétuité du même pouvoir, soit entier, soit fractionnaire ; tandis que cet acte octroyé ne se trouve composé que de choses que le souverain n'a pu créer, et de choses qu'il ne peut aliéner (j'entends par *aliéner* renoncer au droit de législateur sur elles). Nos rois disaient jadis au bas des lois : *donné* en notre château de Versailles. Nos rois *octroyaient* un édit pour diminuer les taxes, etc. Entendit-on jamais par-là une aliénation du droit législatif sur les lois, sur les édits *donnés* ou *octroyés* ?

Les francs libéraux sont plus conséquens quand ils écartent ces mots de *don* et d'*octroi*, qui descend en droite ligne du droit divin, pour y substituer celui de *pacte*, qui crée immédiatement un pouvoir métaphysique nommé peuple *à ce présent et acceptant*, avec lequel ils engagent synallagmatiquement le pouvoir royal ou parlementaire. Ils sont conséquens, au moins ; car ils faussent le principe pour en tirer une juste conséquence, au lieu que les autres reconnaissent le principe et en tirent des inductions erronées.

Ceux-ci nomment la charte un *octroi*. A la bonne heure; mais, au lieu d'en conclure que le législateur qui l'a fait est toujours, quoique non plus seul, législateur pour le modifier, ils l'érigent en concession irrévocable, en aliénation. Voilà leur fausse conséquence; hé bien, recevons-la toutefois et tirons avec eux la conséquence de cette conséquence pour la voir ramenée par un cercle inévitable au principe qu'ils nient. Voilà la charte devenue une propriété de la France; elle seule a donc le droit de la modifier. Quand naîtra ce droit? d'un *besoin* réel, d'une *nécessité*, disent-ils. Qui sera juge de cette nécessité? est-ce l'écrivain qui la discute? mais s'il la nie un autre peut l'affirmer. Ni l'un ni l'autre donc, ni cent autres. Qui donc la jugera? la France; soit. Rassemblons-la; mais comment se rassemble-t-elle? comment vote-t-elle? comment décrète-t-elle? quelle est enfin sa seule présence légale, son seul moyen *d'ester à droit*, dirais-je, en qualité de nation? Vous aurez beau échapper, il faudra arriver à ce mot *le parlement*. Le parlement peut donc, selon vous, dans un *besoin réel*, dont il est juge, modifier la charte comme appartenant à la France par une *concession irrévocable.*

Ceux-là nomment la charte un *pacte.* La voilà donc devenue une propriété commune au roi et à la France. Le droit de la modifier ne peut donc naître que de leurs volontés réunies. Où se trouve la réunion de ces volontés? Quel est le point légal où elles convergent, le centre juridique où elles s'assemblent et deviennent nécessairement une? Échappez encore tant que vous voudrez, vous arriverez enfin à dire le *parlement.*

Ainsi nous regardons la charte (toujours abstraction faite de ce qu'un roi n'a pu créer) comme une *loi* que le législateur peut modifier.

D'autres la regardent comme une *concession irrévocable*, que le concessionnaire peut modifier.

D'autres encore comme un *pacte* que les parties engagées peuvent modifier.

Et même, supposons en de plus purs encore qui tiennent que la charte doit être une œuvre du peuple confiée au roi, et que le peuple seul peut la modifier.

Loi, concession, pacte, œuvre du peuple, souveraineté de droit divin, souveraineté populaire; n'importe; divers de principe, nous arrivons tous au même point, le *parlement*; au même but, la *charte est modifiable.* Cessons donc d'argumenter.

Nous terminerons ce chapitre par quelques observations. On a étrangement abusé dans cette question du mot *violer*. Les gens qui se mêlent de lois ne se mêlent pas toujours assez de grammaire et de synonymie. On ne viole que ce qu'on n'a pas le droit de toucher. Ainsi faire une loi contraire à la charte en prétendant qu'elle lui est conforme ; y toucher et affirmer qu'elle est intacte, c'est à la fois nier le droit d'y toucher et l'exercer ; c'est donc réellement, dans la conscience de celui qui le fait, *la violer*.

Ainsi, toucher à la partie de la charte qui est supérieure à la législation humaine, c'est encore la *violer* : mais modifier, changer, faire, refaire tout article de la charte qui fait partie de la puissance législative ; le faire franchement et comme un droit que le souverain exerce ; cela peut être, en certains cas, un malheur ou une imprudence, mais cela ne peut jamais être une *violation*.

Si donc l'épreuve du temps a suffisamment démontré la nécessité de modifier un article de la charte dans la catégorie susceptible de l'être, ce n'est point furtivement et par des semblans d'explication ou d'interprétation qu'il faut le faire, car ils ne trompent personne, ni sur les intentions qu'on a, ni sur la faiblesse qui les dissimule; c'est franchement et à titre de droit qu'on exerce, et si chacun savait combien depuis 30 ans toutes les finesses sont devenues transparentes, on trouverait enfin que cette franchise est plus habile.

Et c'est cela, pour le dire en passant, qui, indépendamment des raisons très-supérieures de stabilité et de calme qui me font préférer la septennalité à la quinquennalité, me fait encore préférer l'une à l'autre; c'est que par beaucoup d'esprits, l'une sera nommée interprétation, et ils s'évertueront à le prouver, quoiqu'elle soit un véritable changement; au lieu que l'autre fermera la porte à ces misérables arguties, et l'ouvrira franchement à l'exercice d'un droit impérissable du parlement.

Ceux qui ont beaucoup usé du mot *violer* la charte, ont aussi tiré un grand parti des sermens qu'on lui prête.

Je m'honore de croire encore à la valeur du serment comme avant la grande émission qui s'en est faite, et quand je vois de certaines gens jurer fidélité au roi, j'aime mieux les croire dans un moment lucide que dans un état de parjure.

Ayant donc prêté serment à la charte, certainement je ne la violerai pas, car n'ayant pas le droit d'y toucher, je la violerais en le faisant. Mais qui suis-je comme particulier? Un individu, soumis aux lois de mon pays, telles qu'elles sont et seront. Le serment que je leur prête est implicite et m'engage également à la loi qui existe et à celle que l'autorité légale pourra lui substituer. Qui suis-je comme député? une fraction dont l'entier seul est un pouvoir. Allons plus loin; quand il s'agirait de la chambre même, quand la chambre aurait prêté en masse et en qualité de chambre le serment que chacun y prête individuellement; qu'est-ce la chambre des députés? C'est aussi une fraction dont l'entier seul est souverain; c'est un des trois pouvoirs soumis chacun séparément à la charte, telle qu'elle est et sera. Il ne prétend sûrement pas le droit de la modifier à lui seul.

J'en dirai autant de la chambre des pairs, autant du roi même; chacune de ces fractions est soumise par sa nature, ou par son serment à l'observation des lois : mais ces trois fractions, ces trois pouvoirs réunis n'ont point de serment à leur prêter par la raison qu'ils sont ensemble le souverain qui leur est supérieur; par quoi je n'entends pas, car il est des esprits avec lesquels il faut s'expliquer trois fois, qu'il est dispensé de es observer tant qu'elles existent, mais qu'il a le droit de les faire, défaire et modifier. Tel est le serment que les députés font à la charte, tel est celui des représentans et des sénateurs des États-Unis, tel est celui des membres du parlement d'Angleterre, à des chartes que le souverain, dont ils font partie, n'en a pas moins le doit d'altérer (1).

(1) Je me fais un plaisir de rapporter ici un excellent passage de la *Gazette de France* du 18 novembre.

« Toutes les constitutions ont prévu la revision ; » toutes attestent le droit de reviser. Un article spé- » cial de la constitution des États-Unis en règle l'exer- » cice. Un article spécial de la constitution de 1791 le » nomme un droit imprescriptible, et l'attribue au » peuple par la raison très-simple que cette constitu- » tion le reconnaissait pour souverain.

» Si la charte ne renferme pas une disposition pa- » reille, est-ce à dire que seule entre toutes les lois hu- » maines, elle aspire à l'invariabilité... et prétende » enchaîner toutes les situations possibles à des règles » faites pour une situation donnée ;

» Non, sans doute, mais en établissant la souverai-

Lors de la session de 1822, j'osai le premier, dans deux opinions prononcées à la chambre, discuter le dogme de l'omnipotence parlementaire. Plusieurs députés traitèrent d'intempestive cette prise de possession d'un principe. Elle le serait peut-être encore aujourd'hui, si on ne l'eût fondée alors. Les principes veulent être semés de bonne heure, parce que leur récolte est longue à croître.

» neté parlementaire, la charte a pourvu suffisamment
» à tous les besoins contingens.

» Ceux qui contesteront au pouvoir parlementaire ce
» droit de modification, contesteraient l'autorité de la
» charte, libre émanation d'un pouvoir modifié par
» lui-même. Ce que le souverain unique a fait, le sou-
» verain collectif peut le faire. »

CHAPITRE IV.

De la septennalité en Angleterre, et des discussions qu'elle y fit naître en 1716.

Nous n'avons traité jusqu'ici que la question du renouvellement partiel et du renouvellement intégral. Réduite à ces termes abstraits, elle n'est, à vrai dire, qu'un accessoire de nos recherches.

La vraie question importante, c'est celle de la durée, de l'uniformité, de la stabilité.

Je préfèrerais un renouvellement partiel tous les trois ans, même tous les ans, à un renouvellement intégral triennal ou annuel.

Une chambre annuelle et même triennale abolit le droit de dissoudre par l'inutilité de le faire.

Une chambre de très-longue durée l'entrave par l'espèce de droit de permanence qu'elle usurpe.

Il faut trouver un milieu. L'Angleterre l'a cherché dans le terme de sept ans; elle a réussi.

Jetons un coup d'œil sur ce royaume à

l'époque où la question septennale y fût présentée.

En Angleterre, depuis le long parlement de Charles Ier., peut-être long-temps avant, et sans doute en remontant jusqu'à l'époque de la réforme, deux esprits, les whigs et les torys, sous des noms divers s'étaient partagé la nation. Les premiers, sectateurs de la souveraineté du peuple, muets sous Élisabeth, réveillés sous Jacques Ier., révoltés sous son fils, avaient alors poussé leurs dogmes jusqu'à leur extrême résultat. Les autres, partisans du pouvoir du droit divin, se relevèrent sous Charles II. Ce règne et celui de Jacques II ouvrirent aux deux partis une arène où la révolution fit enfin triompher le premier. Maître de l'état, mais vieilli et civilisé, il ne voulait plus qu'un peuple régnât, mais qu'un roi régnât par lui. A cette condition il vendit le trône à l'étranger; le parlement triennal, imposé en 1694, en fut le gage. Son gouvernement fort, impérieux, acerbe, aidé de l'esprit guerrier de Guillaume, entama le premier ce système gigantesque de guerres européennes, qui commença l'éclat et aussi la dette de l'Angleterre, et fatigua de sa domination turbulente le trône, la nation et l'Europe.

Les torys en profitèrent. Les dernières années de la reine Anne remirent l'empire entre leurs mains. Ils firent cesser une guerre devenue impolitique et ruineuse; le peuple respira : le souverain, relevé par leurs dogmes, cessa quelque temps d'être une ombre.

Mais l'Angleterre avait alors ce malheur, que quiconque y professait des principes torys était, par cela même, jugé fidèle aux Stuarts et ennemi du trône actuel. Ce reproche soutenait la force du parti whig dans sa disgrâce.

En 1714, l'accession de la maison d'Hanovre acheva de trancher des liens que deux règnes du sang des Stuarts, quoique illégitimes, avaient encore conservés. Elle fut, elle devait être le signal du retour des whigs.

Dès lors le whig, ami des dogmes populaires, fut le soutien du trône élu par lequel il régnait. Dès lors le tory, partisan des dogmes monarchiques, fut l'ennemi du trône usurpé qui lui enlevait le pouvoir.

De là cet échange perpétuel, inexplicable dans l'histoire, si nos dernières années ne nous l'avaient pas éclairci, de sentimens et de conduite, où l'on voit le républicain prêcher et pratiquer les maximes royalistes, et le royaliste s'armer des principes populaires.

La discussion du bill septennal en offre le

plus frappant exemple. La nation, partagée sur les Stuarts, mécontente de la maison d'Orange, toujours regrettant le mal passé en présence du mal actuel, avait vu avec inquiétude l'usurpation, jusque-là indécise, se consolider par l'accession de la maison d'Hanovre. Elle avait vu avec répugnance le retour du rude empire des whigs (leurs aveux même l'attestent), quand le poids de la couronne leur eut donné la majorité dans le parlement assemblé en 1715. Ce parlement n'avait que trois ans à durer, et tout présageait que son successeur rendrait la majorité aux torys.

Ce fut dans cette extrémité périlleuse, et pour les whigs et peut-être pour Georges Ier., qu'au mois d'avril 1716 les whigs, ne voyant plus devant eux que deux années suivies d'une chute inévitable, conçurent le hardi projet de se perpétuer sept ans pour consolider leur domination. De là ce bill septennal, bill que les fauteurs de la souveraineté du peuple firent sans en appeler au peuple par de nouvelles élections; bill qu'ils firent, non-seulement contre, mais malgré ce souverain qui menaçait de les déposer; bill qu'ils firent pour eux-mêmes et pour le parlement où ils siégeaient; bill qui clouait leurs principes sur le trône; mais enfin, il faut aussi le dire, bill qui consolida ce trône encore incertain; qui, né de la révolution, enfanta de la monarchie, parce qu'il produisit de la stabilité; bill qui assoupit les partis, et d'où l'Angleterre surgit, dans une constante paix intérieure et une gloire extérieure non interrompue, à cette carrière de prospérité inouïe que nous lui avons vu parcourir; bill enfin à la gloire duquel il ne manqua que d'avoir dû le jour à des motifs plus nobles et à des mains plus pures.

Nous jetterons un coup d'œil rapide sur l'esprit qui régna dans la discussion du bill septennal.

D'abord, il faut remarquer qu'il prit naissance dans la chambre des pairs (1), puéril subterfuge des whigs pour détourner la nation de croire les commués auteurs de la loi qui décidait de leur propre sort. En toute autre occasion, elles eussent invoqué tous leurs priviléges contre l'initiative des pairs en une telle question; mais ici la question n'était pas de chambre à chambre, mais de higs à torys.

La proposition fut faite le 10 avril 1714 par le

(1) L'acte triennal de 1694 y avait également pris naissance.

duc de Devonshire qui représenta les inconvéniens du parlement triennal comme entretenant la division entre les partis et les familles, servant de levier aux intrigues des puissances étrangères, et empêchant par une instabilité perpétuelle que le gouvernement prît une position respectable au dehors, et entrât dans des transactions durables.

Le bill reçut sa première lecture séance tenante, et la seconde lecture fut indiquée au 14 avril (1).

Le 14 avril, après la seconde lecture, on proposa suivant l'usage le renvoi du bill au comité général (2). Le débat s'engagea alors pour et contre cette proposition, c'est-à-dire pour et contre le bill en lui-même.

Les ducs de Dorset, de Newcastle, de Shrew-

(1) Tous les bills subissent trois lectures, et c'est toujours la deuxième qui décide de leur sort; ainsi la décision d'une aussi haute question d'état n'entraîna réellement que quatre jours à la chambre des pairs.

(2) Quelques personnes peuvent ne pas savoir que chaque chambre se forme quand elle veut, en comité général, c'est-à-dire que, sans changer de lieu, et en déplaçant seulement l'orateur et la masse, elle dépouille son caractère législatif pour développer la discussion dans une réunion plus libre, sauf à redevenir chambre quand il s'agit de procéder par ses attributions législatives.

sbury, et d'Argyle; le comte d'Isay, les lords Carteret, Cholmondeley et Cowper reproduisirent les raisons alléguées par le duc de Devonshire, et y ajoutèrent :

« Que la législature était investie d'un pou-» voir suprême pour rectifier tout inconvé-» nient reconnu par l'expérience dans les » lois précédentes ;

» Que la durée d'un parlement ne le ren-» dait pas dépendant du trône, témoin celui » de Charles II qui, après lui avoir été dévoué » dans les commencemens, avait fini par le » contrarier et voter malgré lui la guerre » contre la France et la poursuite du complot » papiste (1).

» Que malgré ce qu'on avait dit contre la » durée des parlemens, on ne pouvait nier » que la constitution n'avait souffert nul dé-» triment pendant ce même parlement de » dix-sept ans, sous le règne de Charles II, » le plus long qu'eût encore vu l'Angleterre.

» Que la fréquence des élections entrete-» nait le trouble, l'incertitude et la défian-» ce, et portait un notable préjudice au » commerce.

(1) L'affaire d'Oates et de Bedlow, un des plus scandaleux abus du pouvoir des whigs.

» Qu'il fallait s'affermir contre des ennemis » qui menaçaient de reconquérir le pouvoir » par de nouvelles élections, et assurer le » trône et l'heureuse situation actuelle sur » des bases durables.

» Enfin, que les élections triennales sou- » mettaient la constitution anglaise *aux ca-* » *prices de la multitude* (c'était un whig, un » serviteur du peuple souverain qui parlait » ainsi). »

A ces raisons en faveur de la prolongation, le duc de Buckingham, le comte d'Abingdon, Poulet, de Nottingham, d'Anglesey, d'Aylesford et de Peterborough, les lords Ferrers, Parker et Trevors opposèrent :

» Que le bill septennal, au lieu de don- » ner confiance aux puissances étrangères, » l'ébranlerait en leur montrant la faction » si puissante, et le gouvernement si faible » qu'il était obligé de recourir à des mesu- » res extraordinaires (ce qui revient à dire » qu'un homme écrase son ennemi parce » qu'il est trop faible pour le combattre);

» Que le parlement qui aurait su se pro- » longer sept ans pourrait se prolonger sept » autres, et enfin se rendre perpétuel (cent » ans ont répondu à cette objection);

» Que le roi Guillaume avait soulagé son

» peuple et son trône par l'acte triennal, et » que l'Angleterre ne serait bien gouvernée » que quand elle aurait des parlemens an- » nuels;

» Que les communes en réformant l'acte » triennal qui était le gage des libertés du » peuple, sans même chercher les moyens » d'interroger les sentimens de la nation, » violeraient le mandat qu'elles avaient reçu » des électeurs, et que si elles se conti- » nuaient au delà du temps pour lequel elles » avaient été nommées, elles n'étaient plus » les représentans du peuple, mais une » chambre créée par elle-même. »

Dans toute cette discussion des pairs qui présente peu de force de part et d'autre il est cependant facile de voir que tous les principes et toutes les raisons solides sont du côté des whigs, qui soutenaient dans un intérêt révolutionnaire une cause juste et monarchique, au lieu que les torys, réduits par un intérêt local à déserter leurs principes naturels, n'opposent que de futiles allégations.

Le comité général eut lieu le 16 avril, et le bill, ayant définitivement passé le 18, après la troisième lecture, fut envoyé le 19 à la chambre des communes.

La discussion de la chambre des communes

fut beaucoup plus substantielle et pénétra mieux dans les entrailles de la question. Nous en donnerons également une courte analyse.

La première lecture y eut lieu le 19 avril, la chambre composée de quatre cent trente-deux membres (c'est le complet de notre chambre des députés de France et la plus nombreuse qu'on eût encore vue en Angleterre), renvoya la seconde lecture au 24 du même mois.

La question s'engagea le 24, au fond sur le bill et dans la forme sur la proposition de le renvoyer au comité général. Dans la discussion qui dura depuis deux heures après midi jusqu'à onze heures du soir, on entendit un grand nombre d'orateurs.

Dens le nombre de ceux qui parlèrent pour le bill, MM. Lyddal, Hampden, Richard Steele et Tufnell dirent :

» Que l'acte triennal avait été arraché à
» Guillaume III, et que l'annuler était affer-
» mir le trône, en détruisant l'espérance des
» ennemis intérieurs et extérieurs, en étei-
» gnant les divisions et les partis ;

» Que l'abolition de cet acte, loin d'être
» une violation de la constitution, était au
» contraire la réparation de la brèche qu'il
» y avait faite ;

» Que depuis le bill triennal, l'Angleterre » avait été constamment comme un vaisseau » dans la tourmente, que le pilote et les mate- » lots n'avaient pu faire autre chose que de » le préserver de sombrer, sans pouvoir ja- » mais faire voile, et qu'enfin il avait fait un » roi triennal, un ministre triennal et des » alliances triennales ;

» Que jamais une occasion aussi favorable » ne se présenterait pour déraciner l'esprit » jacobite et empêcher le peuple et les élec- » teurs d'être plus long-temps sollicités pour » des intérêts contraires à la monarchie ;

» Que l'union parfaite du roi et du parle- » ment actuel devaient déterminer à en pro- » longer la durée pour compléter l'œuvre » qu'ils avaient si heureusement commen- » cée ;

» Que la chambre ayant le pouvoir incon- » testable d'annuler, étendre ou limiter les » lois, comme elle le jugeait convenable pour » le bien du pays, serait coupable de ne pas » en user dans cette circonstance ;

» Que les *writs of summons* (1) et leurs *re- » turns* (2) ne faisaient jamais mention de la

(1) Lettres de convocation.

(2) Procès verbaux d'élection.

» durée du parlement, le mandat des électeurs n'était pas donné pour les représenter » tel ou tel temps, mais seulement pour un » temps conforme à la loi quelle qu'elle dût » être ;

» Que l'unique mandat du roi, des lords » et des communes, était de bien administrer la chose publique, et qu'en l'administrant bien, le mandat était également bien » rempli en modifiant ou annulant qu'en faisant ou confirmant des lois;

» Que si on admettait un mandat qui empêchât les membres des communes de changer une loi de durée, il aurait la même » force pour les empêcher de changer toute » autre loi existante lors de leur élection, et » par conséquent pour anéantir le but même » pour lequel le parlement était élu;

» Que tous les maux qui pourraient être » faits sous l'empire de l'acte septennal pouvaient l'être également sous celui de l'état » triennal, mais que le bien qui pouvait » s'organiser sous le premier ne pouvait l'être » sous le second ; et que, de ce qu'on pouvait » craindre que les ministres fissent du mal, » ce n'était pas une raison pour continuer à » les tenir dans l'impossibilité de faire du » bien;

» Qu'un des grands avantages du bill » septennal serait d'ôter au peuple le trouble et la perte de temps des élections, » d'ôter à ceux qui en avaient le vouloir, le » pouvoir d'inquiéter le gouvernement, de » réprimer l'esprit factieux dans ceux qui, » après avoir prêté des sermens au roi, » avaient pris les armes contre lui, et dont » l'exemple était cause que la joie avec laquelle le roi avait été reçu à son arrivée » avait promptement fait place au mécontentement (1). »

Entre les orateurs de l'opposition, messieurs Shippen, Snell, Bromley et Robert Raymond, dirent :

« Qu'on exagérait les mécontentemens de » la nation pour s'en faire un prétexte à » l'enchaîner, et qu'on interprétait la haine

(1) Je cite cette phrase parce que l'idée s'en reproduit sans cesse dans le cours de la discussion. Étrange aveu des whigs qui reconnaissent par-là que le peuple, qui était rentré depuis quatre ans sous l'empire plus paisible et plus monarchique des torys, avait passé subitement de la joie au mécontentement, quand il avait vu le règne de Georges Ier. commencer par leur disgrâce; et que ce même peuple, leur souverain, était sur le point de les bannir du parlement s'ils ne se hâtaient pas de se perpétuer malgré lui !

» du ministère en haine du gouvernement, » quoique l'un ne périclitât pas par la chute » de l'autre;

» Que l'entreprise du prétendant, récem- » ment réprimée, prouvait assez que le roi » n'était pour rien dans l'inimitié nationale, » et que la prolongation ne ferait que dé- » montrer à la fois à l'Angleterre qui s'en » indignerait, et aux étrangers qui s'en in- » quiéteraient, que le parlement n'osait subir » l'épreuve d'une nouvelle élection ; que c'é- » tait faire confesser à la chambre qu'une nou- » velle chambre agirait autrement qu'elle ; et » que la chambre actuelle se déclarant op- » posée à l'opinion du peuple qu'elle repré- » sentait, cessait par-là de la représenter vé- » ritablement.

» Qu'il n'était pas juste que quelques in- » dividus exerçassent si long-temps une » si importante mission à l'exclusion des » autres ;

» Que, quoique la délivrance du peuple » donnât au parlement le droit de faire et » défaire les lois pour son bien, il devait être » entendu que c'était dans le cercle de sa » mission, et qu'il n'avait pas le droit de » faire ce qu'il ne pouvait faire qu'au préju- » dice de ses commettans. (On sent facile-

» ment le vide de cet argument, dont le par-
» lement seul pouvait être juge);

» Que le mandat était triennal, et que s'ils
» entreprenaient de l'étendre au delà de sa
» durée légale ils cessaient d'être les man-
» dataires du peuple pour devenir leurs
» propres électeurs;

» Que, quoique les idées de la racine du
» pouvoir dans le peuple eussent été étendues
» à un degré prodigieux d'extravagance et
» d'absurdité, il était évident que ce pouvoir,
» eu égard à la portion de la législature exer-
» cée par la chambre des communes, ne ré-
» sidait que dans les élections, que les dépu-
» tés n'avaient de capacité législative que ce
» qu'ils tenaient d'elles, et que nommés sous
» l'empire du bill triennal, ils n'avaient pu
» l'être que pour 3 ans, à moins que les élec-
» teurs ne pussent conférer à d'autres plus
» qu'il ne leur appartenait à eux-mêmes. »

Telles furent en substance les opinions de la majorité et de l'opposition des communes sur cette importante question.

Dans cette discussion, beaucoup plus profonde que celle des lords, on trouve, proportion gardée, et par les mêmes motifs, que je ne veux pas répéter, beaucoup plus de force et de solidité dans les argumens des whigs que dans ceux des torys. Par un échange bizarre à observer de nos jours, les torys d'alors préparaient aux libéraux de notre temps de mauvaises raisons pour une mauvaise cause, et les whigs préparaient à nos royalistes de bonnes raisons pour une bonne.

Le comité général eut lieu le 25 avril. La troisième lecture eut lieu le 26, et le bill fut de suite adopté à une majorité de 264 voix contre 121. Quinze jours virent naître et clore cette grande question dans les deux chambres.

Il nous reste à voir quel fut pour l'Angleterre le résultat de cette innovation.

Et remarquons d'abord que la rotation triennale qui, avait duré 22 ans, n'était qu'une déviation des vrais élémens parlementaires.

Remarquons encore que jusqu'à la révolution de 1688, l'Angleterre n'était point encore entrée dans ces vrais élémens du gouvernement représentatif, qui sont 1°. un parlement long mais limité, pour que le trône ne le prolonge pas indéfiniment si les chambres sont esclaves, et aussi pour qu'il ait contre elles d'autres ressources que la dissolution si elles sont factieuses; 2°. un temps fixe pour la réélection en cas d'expiration ou de dissolution.

Faute de ces deux institutions l'Angleterre flotta long-temps dans une controverse, et une mer de prétentions politiques, tantôt sans parlemens, tantôt avec des parlemens éternels, tyrans sous Charles Ier., esclaves sous Charles II.

La triennalité donna aux parlemens une forme positive, mais agitée. Cependant le principe fut posé : la septennalité lui donna son application convenable, et ce ne fut réellement qu'à cette époque que l'Angleterre réunit dans son parlement les conditions nécessaires de durée, de ne pouvoir être perpétué et de ne pouvoir être supprimé.

Elle eut donc dès lors une rotation large et stable, que rien (dans le cercle ordinaire des choses humaines) ne pouvait déranger, et qui, donnant base à la confiance, enchaîna l'avenir au présent.

Que sert de rien ajouter? La prospérité d'un état est fondée quand il a résolu ce grand problème, *rendre l'avenir égal au présent*. Alors la base s'élargit; le sol devient sans bornes comme l'avenir; il y a presse à y semer, à y bâtir, à y voguer; il y a presse, et pourtant il y a place pour tout le monde; et quand chacun y a engagé sa fortune, ce sol rendu solidaire devient d'une solidité à braver le temps et les révolutions. Tel fut le sort de l'Angleterre où on vit croître et prospérer alors dans une progression miraculeuse, le crédit, les finances, l'agriculture, le commerce, les grandes entreprises, les grandes créations; enfin tout ce qui se confie au temps et y pousse ses racines.

Quel est donc, après cent ans, cet esprit nouveau qui demande aujourd'hui à l'Angleterre des parlemens annuels ou triennaux ?

Cet esprit, ne nous y trompons pas, c'est le même qui les fit septennaux en 1716, qui les avait fait triennaux vingt ans avant; l'esprit whig dans son essence, quelques formes qu'il ait depuis revêtues, l'esprit d'usurpation et de révolution, triennal quand l'agitation soutenait sa conquête récente contre le sang encore régnant des Stuarts; septennal quand la stabilité consolidait sa possession sous une race nouvelle, mais toujours whig au fond, et ayant jeté au milieu de la prospérité monarchique des semences de principes qui ne périssent point, et qui, aujourd'hui qu'une prescription centenaire a fait la possession des whigs légitime, se développent et révoltent contre eux ces frères déshérités, ces whigs de seconde race, qui aspirent à leur tour à devenir légitimes. A leur tour ils crient, parlemens triennaux, et, si vingt ans de triennalité leur livraient un jour l'Angleterre, à leur tour ils demanderont la septennalité pour en jouir... Mais ne portons pas si loin les conséquences; tout a une fin dans les choses de la terre : il y a cent ans, l'Angleterre était un sol en jachère; aujourd'hui elle est un sol épuisé, cette moisson serait la dernière.

Il serait digne d'un esprit spéculatif d'examiner quel eût été le sort de l'Angleterre, si, en 1716, la septennalité eût été faite pour conserver les torys au lieu de l'être pour les exclure. Probablement la carrière de cet empire eût été moins brillante et moins promptément usée; car la durée eût été donnée au profit des principes qui durent. Il y aurait plus de monarchie, plus de religion, plus de famille et de société, moins de vaisseaux, de commerce et de dettes; l'Angleterre ne serait pas autour du monde; elle vivrait en paix chez elle. Ce chapitre attend un Montesquieu.

CHAPITRE V.

De la septennalité en France, 1816-1824.

Quand le ciel, après un interrègne de 22 ans, rendit à la France les rois qui l'avaient gouvernée huit siècles, ce fut un sentiment général qu'elle allait reprendre avec eux les mœurs et les principes qui l'avaient aussi gouvernée huit siècles. Je ne parle pas des choses, presque toutes avaient péri; mais les principes sont d'une essence éternelle. La légitimité du trône promettait toutes les légitimités de l'état, c'est-à-dire droit, loi, paix et durée à toutes choses. Les uns s'en réjouissaient, les autres s'en affligeaient, tous y comptaient; tout eût donc été accepté, rien disputé. Un homme d'état eût alors pétri la France comme une argile, et s'il lui eût imprimé des formes stables et solides la France serait stable et solide depuis 10 années: c'est aujourd'hui un grand à-compte sur les siècles.

Cet homme d'état ne s'est pas trouvé.

Ce fût un grand malheur, car dans toute

monarchie, et surtout si elle sort d'une révolution populaire, il faut que les institutions viennent d'en haut, qu'elles jaillissent de la source du pouvoir. Si, au contraire, elles lui sont arrachées par le cri des peuples ou par la remontrance des corps politiques, si utiles soient-elles, il y a trouble et insurrection dans leur germe.

Veux-je faire entendre par-là que si un ministère faible, stupide, égaré ou conspirateur, refuse la vie des institutions à l'état qui meurt de langueur, les hommes qui ont droit d'opinion dans l'état doivent subir en silence cette coupable inertie?

A Dieu ne plaise! ils les demanderont, ils doivent les demander à grands cris; ils y sont contraints; mais cette contrainte est un malheur qu'on risque pour échapper à un malheur plus grand encore.

C'est ce qui arriva en 1816. La chambre des députés, toute composée de droiture, de sens, et de nobles sentimens, unanimité inouïe dans l'histoire, crut que le gouvernement monarchique lui demanderait la monarchie, elle eût tout donné. Il lui laissa la révolution; elle fut réduite à demander au trône ce que le trône devait demander d'elle. Dans le nombre des principes qui y furent discutés, fut celui du renouvellement intégral ; c'est le seul dont j'aie ici à parler.

Une loi d'élection dont l'adoption eût peut-être épargné à la chambre l'opprobre qu'elle a subi, et à la France les déchiremens qu'elle a éprouvés, engagea la question entre le renouvellement partiel et le renouvellement intégral.

La discussion fut longue, savante et presque toute morale et hypothétique, car on n'avait pas alors l'expérience de huit ans et de dix renouvellemens.

Je ne me livrerai point à l'analyse de cette discussion que tous les recueils ont conservée. Une seule chose me paraît devoir être remarquée, c'est qu'avec la seule différence de transposer les questions, et de mettre *royalistes* pour *whigs* et *libéraux* pour *torys*, elle fut dans le fond et dans la forme précisément ce qu'elle avait été cent ans plus tôt en Angleterre.

Aucun des deux partis n'y dit son vrai mot, son but et sa vérité. Ils se battirent masqués ; ils escarmouchèrent sur le terrain de la morale, de la politique, de l'administration ; ils se jetèrent des principes à la tête : tout cela n'était que jeu et escrime. Le vrai combat était uniquement sur un fait : les royalistes voulaient prolonger un pouvoir qui consolidait la restauration ; les libéraux voulaient abréger un pouvoir qui présageait leur ruine. Ainsi, la majorité royaliste faisait en 1816, pour une bonne cause, ce que la majorité whig avait fait en 1716 pour une mauvaise. Le parlement français avait pour lui le bon droit et la nation, il succomba ; le parlement anglais avait contre lui l'un et l'autre, il réussit : c'est que le premier était en guerre avec son ministère, et le second en paix avec le sien.

Cela nous conduit à cette réflexion, qu'en 1816 la France, telle qu'on nous l'avait faite, n'était pas mûre pour cette grande opération.

Une seule chose avait décidé contre elle comme contre toutes les mesures monarchiques, le renvoi de Fouché avant la réunion de la chambre (1). Ce renvoi, qui aux esprits vulgaires fut un hommage rendu d'avance au royalisme qui éclatait partout en France, et un empire exercé par la chambre avant même de naître, ne fut réellement qu'un savant stratagème des hommes du tiers ordre. Ces hommes, qui ne voulaient ni république ni

(1) Voir *des assemblées représentatives*, chap. XIII, pages 224-226.

monarchie, et qui pressentaient par l'esprit de la chambre que la dépouille de Fouché irait plus loin qu'eux, et passerait jusqu'aux mains monarchiques, hâtèrent sa chute pour recueillir sa succession avant qu'il s'en présentât de plus habiles à hériter.

Alors tout fut arrêté; tout devint impossible. Par cet habile jeu ce déplorable ministère, plus fatal, par cela même qu'il pouvait subsister quelque temps, qu'un ministère coupable qui devait promptement tomber ; ce ministère fut montré au roi et à la France comme ami et allié ; que dis-je, comme produit de la chambre. Dès que la franchise de cette chambre l'eut réduit à jeter le masque, la guerre s'alluma entre eux. Dans un pays où les dogmes parlementaires étaient peu connus, toute attaque contre le ministère fut présentée comme une attaque contre le trône; et, il faut bien en convenir, les plus pures intentions n'empêchent pas toujours un serviteur fidèle de blesser le maître en combattant le soldat qui le trahit ; ajoutez-y l'esprit brouillon et entreprenant d'un ministre masqué d'une armure révérée ; l'esprit timide d'une chambre qui n'osait en venir contre elle aux grands faits d'armes parlementaires, et vous verrez qu'on ne pouvait rien faire alors ; il fallait attendre au temps où ce ministère, qui prétendait marcher entre deux partis, après avoir marché vers l'un, puis vers l'autre, ne pouvant plus marcher du tout tomba, et apprit à ses successeurs que pour régner il ne faut pas diviser mais choisir, et à la France, que sous la constitution qui la gouverne tout ministère est étranger ou bâtard, si sa patrie n'est pas le parlement et sa mère la majorité.

Il a fallu passer par les extrêmes. Les peuples ne rétrogradent point, et quand ils ont manqué la route ils n'arrivent qu'en faisant le tour du cercle.

Le cercle est parcouru enfin ; nous sommes arrivés, et le parlement, c'est-à-dire le roi et les deux chambres, le parlement, servi par un ministère homogène, unissant l'action et l'intention, peut pour la première fois travailler à enraciner la France et la monarchie.

Les matériaux sont là ; l'instrument est à faire.

Cet instrument c'est la force, la paix, la durée ; je devrais dire la durée seulement, car elle donne les deux autres.

C'est donc un acte septennal qu'il importe de faire avant tout ; comme avant tout l'ouvrier emmanche son outil avant de façonner sa matière.

Nous jetterons un coup d'œil sur le mode qu'on a choisi pour y parvenir.

Il s'en présentait trois.

Le premier était de faire décréter la septennalité par la dernière chambre, renouvelée d'un cinquième dans la session de 1824, et de la lui faire décréter pour elle, c'est-à-dire que la chambre existante alors serait devenue la chambre septennale. Ce mode est celui qu'adopta le parlement anglais. Il est vrai qu'il faut convenir à son égard qu'il n'avait pas le choix, et que tout autre moyen eût perpétué le parlement sans perpétuer les whigs. Il n'en est pas de même aujourd'hui en France, où dans l'état actuel des choses la septennalité, par quelque voie qu'elle se fût introduite, ne pouvait profiter qu'aux royalistes. Le mode de perpétuer la chambre pour elle-même n'était donc pas nécessairement imposé. Cependant il était simple, facile; il eût trouvé la chambre, par le renouvellement du dernier cinquième, purgée de presque tous ses fermens de révolution. Enfin, ce mode évitait l'alarme d'une dissolution, et le mouvement d'une réélection générale.

Le second mode était de faire décréter de

même la septennalité par la dernière chambre et dans la session de 1824, mais au profit d'une autre chambre ; c'est-à-dire, que la loi n'aurait reçu son application que quand le roi eût fait usage du droit de dissoudre la chambre.

Enfin, le troisième mode était de dissoudre la chambre, et de faire prononcer la septennalité par et pour une chambre nouvelle.

Je commencerai par avouer franchement que ce dernier mode était fort opposé à mes idées ; il l'était tellement, que j'ai été longtemps sans qu'il se présentât à mon esprit, et sans soupçonner qu'on voulût le mettre en usage. Examinons-les maintenant tous les trois.

J'ai dit du premier tout ce que j'y trouvais d'avantageux. Je ne me dissimule pas qu'on l'eût traité de coup d'état, qu'on eût amèrement blâmé l'égoïsme ambitieux de députés qui se perpétuaient eux-mêmes, etc. Quoi qu'il en soit, le moyen était simple, tranquille et légal, pour arriver à un résultat où il va du salut de la France ; je l'eusse donc préféré alors ; et, laissant de côté les clameurs et les imputations, j'eusse été d'un pas droit et ferme à mon but.

Mais on peut se proposer la question de savoir si j'y serais parvenu.

Quand cette grande question s'agita en Angleterre, on y trouva des consciences aguerries, durcies dans les frottemens d'une vieille politique parlementaire, façonnées depuis long-temps dans le moule égoïste du gouvernement représentatif, ferrées d'acier par l'ambition de régner et la crainte de déchoir, et qui allaient droit à leur propre intérêt avec une naïve effronterie. En France, au contraire, on eût trouvé une générosité pusillanime, un honneur français tout plein encore de ses vieux sentimens, et prompt à regimber contre l'apparence d'une conquête sans combat; enfin, je ne sais quoi de chevaleresque, de poli, de chrétien même, qui fait à chacun une honte de s'arroger à soi-même. J'exprime, j'en conviens, des choses vagues en apparence; mais je n'en suis pas moins aujourd'hui persuadé que, même dans la chambre la mieux disposée pour la septennalité, et telle elle était, que, même dans une chambre où la majorité eût été au fond du cœur résolue de se la donner à soi-même, il eût suffi qu'un membre éloquent réveillât de tels sentimens pour qu'aucun, soit respect humain, soit générosité naturelle, n'eût osé les désavouer, et on eût pu voir avorter la loi la plus désirable par l'abus des plus nobles sentimens. Je dois donc avouer que la réflexion a changé mes idées à cet égard.

Mais, dira-t-on, le deuxième mode, celui d'obtenir la septennalité d'une chambre qui l'eût votée pour une autre et seulement éventuelle, ce mode mettait en paix les consciences et évitait le danger que vous venez de nous montrer.

J'en conviens; mais n'en eût-il pas présenté d'autres? Ici j'ai quelque honte d'envisager des mobiles moins nobles; mais l'histoire d'une chambre est l'histoire d'un homme, est l'histoire du cœur humain; et combien de contrastes se rencontrent dans un seul! Les hommes appelés à voter sur cette question ne se seraient point dissimulé que la dissolution, en apparence éventuelle, de fait, suivrait immédiatement l'adoption de la septennalité, et que chacun, en la prononçant, prononcerait sa propre déchéance. Je touche ici l'extrême opposé à celui que je viens de présenter, et cependant, il faut l'avouer, ces extrêmes se touchent, ils sont ensemble dans le cœur humain, égoïsme qui se conserve, générosité qui se sacrifie; et là où la seconde n'est pas exaltée, le premier suit sa route naturelle. Peut-être beaucoup d'intérêts personnels qui ne se fussent pas signalés à la tribune, se seraient fait compter au scrutin, et si le côté gauche, franc et déclaré dans sa marche, eût encore conservé un certain poids numérique dans la chambre, on eût pu voir, dans cette seconde hypothèse, rejeter tacitement par l'égoïsme ce qui, dans la première, l'eût été tout haut par la générosité.

Reste à examiner le troisième mode, celui que le ministère a préféré.

Ce mode, ne le dissimulons pas, avait de grands inconvéniens. Il s'agissait de dissoudre une chambre excellente, et qui touchait à une composition presque parfaite.

Il s'agissait d'obtenir la septennalité d'une nouvelle chambre qui, comme dans le premier cas, voterait pour elle-même et dans sa propre cause.

La dissolution jetterait l'étonnement, l'alarme, la stupeur en France. Elle serait proclamée un nouveau 5 septembre par l'astuce des libéraux et par l'inquiétude des royalistes; les ministres, dirait-on, rompent avec la chambre; elle les a dépassés; ils se replient sur les brisées de 1816. De là les élections viciées, ou tronquées, ou faibles pour la monarchie, ou audacieuses pour la révolution; car qui ne sait l'influence magique du pouvoir et de la volonté en France!

La nouvelle chambre, si elle avait une majorité factieuse, repousserait la septennalité par des intérêts révolutionnaires; si elle avait une majorité royaliste, la repousserait par des principes d'honneur et de désintéressement.

Les dangers étaient grands.

Et cependant, si nous admettons les difficultés des deux premiers modes, il fallait adopter le troisième.

Mais il ne fallait l'adopter qu'en écartant les deux inconvéniens qu'il présentait, c'est-à-dire parvenir à ces deux choses :

Dissoudre sans risquer de vicier les élections ;

Assembler une nouvelle chambre sans compromettre la question de la septennalité.

Je ne nierai point qu'en supposant ces deux problèmes résolus, le troisième mode, qui m'avait d'abord paru impossible et impraticable, ne fût de beaucoup le meilleur et le plus certain des trois.

Passons à la solution de ces deux problèmes.

Il fallait pour la première que la dissolution, en ne présentant sous sa forme spécifique et légale que le renvoi d'une chambre et l'exercice de la prérogative royale, s'insinuât dans sa valeur intrinsèque et tacite comme une formule nécessaire pour ramener la même chambre sous de nouvelles conditions qui lui rendissent la loi facile à adopter. De là le laps de temps écoulé entre les premiers bruits répandus de cette dissolution et sa mise à exécution, pour que les esprits eussent tous les moyens de s'éclairer par toutes les voies, hors la voie légale, sur son but véritable et secret. De là la nomination des présidens de collége, jointe à l'ordonnance de dissolution, tous pris, ou presque tous, dans le côté droit de la chambre, pour que tous les esprits à qui il restait des doutes, en apprenant qu'on licenciait une chambre, apprissent en même temps que c'était cette même chambre, ou plus parfaite encore, que le roi leur redemandait. De là treize pairies accordées à cette chambre; de là les nombreuses instructions émanées de l'autorité, et que révélaient partout les démarches et les paroles de l'administration.

Cette solution a-t-elle été obtenue? Oui,

nous sommes obligés d'en convenir ; l'alarme a cessé, la lumière s'est faite, les élections ont passé notre attente.

Il fallait pour la seconde solution, c'est-à-dire, pour faire que la nouvelle chambre pût aborder la question de la septennalité, pût l'instituer pour elle-même sans avoir à lutter contre sa propre conscience, il fallait, dis-je, qu'en paraissant sous le rapport légal et apparent se la donner à elle-même, sous le rapport réel et tacite elle l'eût véritablement reçue d'avance de la France, et arrivât pénétrée dans le fond de son âme qu'elle ne s'arrogerait rien, et qu'elle ne mettrait pour ainsi dire que la forme politique à ce qui était déjà au fond décidé ; question, je l'avoue, infiniment délicate puisque le peuple n'est point souverain en France, que les électeurs n'y peuvent qu'élire, et que les mandats y sont interdits. Il fallait, pour ainsi dire, tout à la fois interroger le vœu des électeurs pour satisfaire la conscience des élus, et nier qu'on l'interrogeât pour satisfaire la volonté de la loi et respecter le plus important principe de notre monarchie. Il fallait, pour ainsi dire, que l'action secrète fît pour compléter l'œuvre tout le contraire de ce que voulait l'action publique, et que les choses allassent à ce point qu'un vote fût en quelque sorte un mandat. De là cette longue et immense publicité donnée à la question de la septennalité, cette espèce d'annonce universelle qu'elle seule était le but des réélections, cette controverse sans bornes, et où je dirais peut-être qu'on a laissé l'esprit de dénigrement s'étendre trop loin sur une mesure dont il ne fallait pas compromettre le succès, si je ne pensais que l'opposition des libéraux est devenue, et pour les électeurs, et pour la chambre même, une démonstration plus puissante de l'utilité de cette loi, que tous les éloges qu'on a pu lui donner.

Cette solution a-t-elle été obtenue ? A l'égard du voeu tacite des électeurs et de la pleine liberté de conscience des députés, je pense qu'elle l'est complétement. A l'égard de la décision que prendra la chambre, c'est à l'avenir à nous l'apprendre : il suffit qu'on l'ait mise au point de pouvoir voter la septennalité, sans que l'égoïsme l'écarte de peur d'agir pour les autres, sans que la générosité la rejette de peur d'agir pour elle-même.

Cette œuvre était difficile et compliquée, il fallait une grande connaissance du cœur humain pour la concevoir, et une grande dextérité politique pour y réussir.

Je sens du plaisir à donner cette louange

au gouvernement, parce que j'ai été peut-être plus qu'un autre opposé à ses idées, et que, lent à y revenir, j'ai obtenu contre moi-même la satisfaction d'un conviction plus intime. J'exprime franchement cette jouissance parce que, indépendant par ma position, mes écrits et mes paroles, je n'ai jamais craint ni de combattre un ministre ennemi, ni de contredire un ministre ami.

Telle est jusqu'à ce jour la marche qui a été suivie pour arriver à pouvoir présenter avec confiance une loi sur la septennalité.

Quelle marche suivra-t-on dans sa présentation?

Nous avons vu qu'en Angleterre l'initiative en fut donnée à la chambre des lords. Écoutons là-dessus certains journaux français, qui ont beaucoup dogmatisé sur cette question. « C'était, disent-ils, une chambre *tout-à-fait » désintéressée* à l'adoption de la mesure qui » en ouvrait la discussion, et cet avantage de- » vait nécessairement la faire envisager du » public sous un aspect plus favorable. » Oui, c'est là en effet la superficie, le mince épiderme où s'arrêtent ceux qui ont approfondi l'Angleterre dans Delolme, ce jurisconsulte exact, qui a fait l'arpentage et l'ébornement de la constitution anglaise sans s'enquérir de la nature du sol, et sans paraître s'apercevoir que, presque en tout, le fond y est l'inverse de la forme (1).

J'accorde que, pour la satisfaction de quelques niais d'Angleterre, que, par condescendance pour un certain respect humain politique, on crut devoir étendre sur l'affaire un léger vernis de désintéressement en l'entamant à la chambre des lords; mais je n'accorde rien au delà de cette surface transparente. Quant à tout le reste, la chambre des pairs et celle des communes étant identiques dans presque tous leurs rapports, le début d'une question, nécessairement connue d'avance, se présentait indifféremment à l'une comme à l'autre. Remarquons surtout qu'il ne s'agissait dans cette question, ni de lords, ni de commoners, mais de whigs et de torys. Majorité des whigs de deux chambres contre minorité des torys de deux chambres, voilà la question; tout le monde le savait, et la

(1) On ferait par parenthèse un ouvrage assez curieux de ces contrastes entre *l'endroit* de la loi politique qui eut cent fois détruit l'Angleterre, et son *envers* par lequel elle prospère.

comédie de scrupule qui se joua à la chambre des lords n'était qu'une légère courtoisie faite à la morale politique.

Cependant comme la forme, si vaine soit-elle, n'est point absolument méprisable, et que les gens sages la conservent, même quand le fond se voit à travers, on peut examiner s'il conviendrait d'entrer dans ce principe en France. On l'a déjà fait en accordant à la conscience de la chambre la satisfaction de lui procurer la sanction tacite d'une nation qui n'a pas le droit de délibérer. Peut-être conviendrait-il de le faire encore, en plaçant l'origine de la question septennale dans la chambre des pairs, non par le ministère, mais par une proposition de loi émanée de cette chambre. Il faut remarquer, pour l'avantage que cette forme pourrait avoir, 1° que la masse étrangère aux discussions politiques est, malgré le débordement de nos journaux, beaucoup plus nombreuse en France qu'en Angleterre ; 2° que nos chambres, aussi séparées que celles d'Angleterre sont unies, présentent moins l'idée d'un intérêt commun ; 3° que la proposition qui, en Angleterre, est souvent un acte du gouvernement (son seul moyen d'initiative), en France est un acte libre et spontané de la chambre qui l'exerce. Ces trois choses imprimeraient à cette mesure un cachet de désintéressement et de libre arbitre, plus solide qu'il ne pouvait l'être en Angleterre. Ajoutons que cette question, adoptée d'avance par une chambre se présenterait à l'autre, qu'elle intéresse plus directement, avec un grand poids de discussion et d'opinion publique.

Venons enfin au fond de la question, et disons qu'elle doit être adoptée comme le premier moyen de durée et par conséquent de salut qui ait encore été offert à la France.

Nous jetterons un coup d'œil rapide sur ses avantages, sous les différens rapports auxquels elle s'applique, au risque de rencontrer en route quelques-unes des idées que nous avons déjà émises.

Par rapport à la France, à la nation et au trône, dans leur état présent et à venir.

L'état vit d'un mouvement régulier, il périt d'un mouvement extrême ; l'un est circulation, l'autre agitation. A la suite d'une révolution dans laquelle toutes choses ont été déplacées et presque toutes diminuées, tout ce qui a été l'un ou l'autre, cherche, et même par un instinct d'ordre général, à recouvrer sa place ou sa mesure. Ce serait déjà une agitation trop forte, quoique légitime, et il importerait de la tenir en bride ; mais à ce mouvement vient participer encore, entraîné par l'impulsion générale, et le petit nombre que la révolution a laissé intact, et le grand nombre qu'elle a exalté. A côté de ceux qui courent pour recouvrer sont ceux qui courent pour conquérir, tout cela sans bornes, sans proportions, sans hiérarchie dans leur ambition, tous au même but et le plus grand possible ; l'élève de Saint-Cyr a le bâton de maréchal dans sa poche, le stagiaire la simarre dans la sienne ; la France est pêle-mêle. Si Lycurgue saisissait un pareil état, et que la bonté du ciel le lui eût plié d'avance sous douze années de despotisme, toutes ses lois tendraient plus ou moins lentement dans leur action, mais immédiatement dans leurs principes, à brider cet effrénement général. Il mettrait ses lois, non en harmonie, mais en contraste avec les mœurs ; il ne regarderait pas de telles mœurs comme la constitution, mais comme la maladie de l'état ; et là où il verrait l'intrigue, l'agitation, et l'ambition partout, il chercherait à jeter partout le repos, le sommeil et la durée. S'il ne pouvait donner à son sénat l'éternité, il lui en donnerait les élémens, la stabilité et l'étendue. Un renouvellement partiel et annuel dans les secondes fonctions de l'état, dans celles où tous aspirent, ne lui paraîtrait que la stabilité du mouvement, la perpétuité du désordre, et enfin la sanction donnée, dans ce que la république a de plus grand, au principe d'agitation qui la consume.

Dirai-je, en renfermant ma pensée dans le cercle de la France, quel égarement d'idées il y a à qualifier de fusion et de transmission insensible ce roulement périodique qui soumet la chambre à une oscillation, même à une mutation annuelle d'opinions, de combinaisons, de majorités et de calculs, en sorte qu'il ne s'y trouve de réglé que la fièvre, et que ce mal s'inocule de son enceinte au royaume entier.

Que faut-il à cette France, à tout état, fût-ce la république de Lucques? que les mêmes dogmes, les mêmes principes, les mêmes lois y subsistent. Admettez donc aussi les mêmes hommes, et qu'un ostracisme annuel n'exile pas forcément les uns avec les autres. La chambre qui dure sept ans intacte fonde; la chambre qui a fondé sept ans enchaîne la chambre suivante à sa marche; le poids de quatorze années en entraîne vingt-huit, et l'éternité en découle.

« Les qualités nécessaires pour le législateur, disait en 1816 M. de Castelbajac, s'acquerront bien plus évidemment par l'habitude du travail, la pratique soutenue et la suite positive dans leurs fonctions, que leur donnera la septennalité. » En effet, il faut vieillir dans ses fonctions comme dans ses principes, et la règle d'un état qui veut vieillir aussi doit être dans ces mots : « Entrez mûr, sortez vieux. »

La septennalité seule peut restaurer la confiance; non cette confiance de bourse qui fascine les gouvernemens, et qui n'est souvent que le fruit de la défiance, mais cette confiance solide sur laquelle les passions dorment et les bras travaillent. La septennalité seule peut ranimer cette confiance par l'idée de durée qu'elle implique, et la fonder par les bases que cette durée permet de bâtir. Depuis trente ans, nous voyons la seule défiance présider à toutes nos institutions, mais plus qu'à toute autre à celle du renouvellement partiel. La méfiance le suggéra à la Convention, la méfiance l'inspira à Bonaparte, la méfiance le fit survivre à la restauration. « Il porta à la fois, dit » M. de Châteaubriant, l'empreinte du mépris » de l'usurpateur et de la timidité avec la» quelle on restaura la monarchie. » Oui, sans doute, il faut le redire, le renouvellement partiel fut conçu ou conservé, en 1814, dans un principe d'affaiblissement pour la chambre. La faiblesse du trône cherchait à créer des faiblesses; car si le fort crée des puissances pour qu'elles arc-boutent, le faible crée du néant pour qu'il fléchisse; oui, sans doute, il faut le redire, la septennalité donne force à la chambre; et c'est cette force qui consolida en Angleterre un trône récent et usurpé, et c'est cette force qui consolidera en France un trône antique et légitime. Allons plus loin, et disons-le enfin hautement; dans le triste niveau où on a réduit la France, la chambre des députés est elle-même, et pour long-temps, la principale et presque l'unique force du trône, car ce n'est pas d'en haut, c'est d'en bas qu'on attaque : j'en voudrais une autre, et plus grande encore, mais elle est au berceau, et on prolonge son enfance; partout on écarte la force; c'est une armure qui blesse; il faut que la faiblesse marche nue et *comme un seul homme*. Conseillers des rois, vous vous trompez, car la force est toujours quelque part : si elle n'est pas dans le cercle légitime, elle est dehors. Alors pour n'avoir pas voulu de la force qui appuie, mais résiste, qui travaille et pour vous et pour elle, vous rencontrerez la force qui attaque et renverse, et ne travaille que pour elle seule : on affaiblit la noblesse qui gênait, le clergé qui gênait, les parlemens qui gênaient, les principes, la religion, les devoirs qui gênaient : on trouva la révolution. Enfin, s'il y avait à douter de ces deux choses, que la septennalité fait force à la chambre, et que cette force fait force au trône, écoutez les cris de la faction libérale; se plaindrait-elle de la septennalité si elle affaiblissait une chambre d'où elle se voit exclue ? Se plaindrait-elle de la septennalité, si elle affaiblissait le trône qu'elle attaque ? Croyez son cri d'alarme plus sûr que tous vos raisonnemens (1).

Un écrivain de bonne foi et de bonne intention nous dit : « Il serait à désirer qu'on pût » faire cesser la fièvre électorale : elle tient

(1) Un député opposé au renouvellement intégral disait en 1816. « Sait-on ce que pourrait devenir par la » suite une chambre quinquennale ? Au bout de ce temps, » n'aurait-elle pas acquis une force trop prépondérante, » étendu infiniment ses relations et agrandi au delà des » bornes le cercle de son influence ?... Qui peut prévoir » tous les moyens qu'elle aurait alors pour se perpé-

» toujours la France en irritation, met toutes » les ambitions en haleine, absorbe tous les » soins de l'administration... Mais, avant tout, » il faut éviter la crise à un convalescent. »

Et pourquoi ne dirait-on pas : « Il faut don» ner la santé à un malade. » — « Si au bout » de sept ans, ajoute-t-il, une guerre mal» heureuse, une disette, un embarras dans » les finances, un ministère faible, amènent » le découragement ou la désunion parmi les » royalistes, etc. »

Si ces malheurs arrivent, on aura contre eux la force d'une stabilité de sept ans au lieu de la faiblesse d'une mobilité annuelle. Mais je vais plus loin, et c'est précisément pour qu'ils n'arrivent pas que je demande d'avance de la force et de la durée; c'est pour éviter ou pour atténuer leurs dangers que je demande des armes. D'ailleurs, homme de bonne foi qui craignez la fièvre électorale, vous voulez donc arriver un jour à la

» tuer? » Je réponds, la chambre des communes s'est-elle perpétuée depuis cent ans en Angleterre? ne lutte-t-elle pas depuis trente contre un parti qui veut l'abréger, et ce parti est-il l'ami du trône? Nous avons vu d'autres écrivains craindre que ce ne fût le renouvellement partiel qui menât la chambre à la permanence.

septennalité, vous adopterez donc un jour la conséquence que vous redoutez? Pourquoi donc attendre, quand la fortune ou le calcul vous livrent toutes les chances? et qui vous dit qu'en prolongeant la versatilité actuelle, ces circonstances fâcheuses que vous prévoyez ne viendront pas plus tard empêcher l'institution septennaire, et vous clouer dans la fièvre électorale?

Puisque nous parlons ici des influences de la septennalité sur la France, la nation et le trône, il n'est pas inutile de dire un mot de l'opinion dont on a fait dans les temps modernes leur levier ou leur modérateur.

Un écrivain illustre a dit que le renouvellement partiel détruisait l'empire de l'opinion publique, parce qu'une chambre renouvelée par cinquième prend plus facilement la teinte et la route du ministère, et que tant qu'elle y reste fidèle nulle dissolution ne s'opère et l'opinion générale n'est pas consultée.

Nous avons dit plus haut, et les faits le prouvent, qu'une chambre renouvelée par cinquième peut tout aussi facilement quitter par degrés la teinte et la route du ministère; bien plus, que dans cet état de mobilité les majorités sont si faibles et si vacillantes qu'un seul cinquième suffit pour l'en faire dévier entièrement et opérer par une fraction ce qui ne devrait l'être que par l'opinion publique toute entière (1).

L'alliance ministérielle pourrait donc, et même devrait, je n'en doute pas, être beaucoup moins durable par un renouvellement partiel annuel que par une persistance de sept ans. La dissolution devrait donc en résulter plus fréquemment, et l'opinion générale être plus souvent consultée.

Je conclus cependant avec cet écrivain contre le renouvellement partiel; mais avec cette différence qu'il repousse l'élection annuelle, parce que l'opinion y est trop rarement consultée, et que je la repousse parce qu'elle y est trop souvent consultée.

En effet, outre qu'elle l'est chaque année pour un cinquième, elle l'est encore intégralement par la dissolution que la mobilité

(1) M. de la Bourdonnaye, dans un excellent discours prononcé lors de la discussion de 1816, a dit : « La chambre étant appelée à exprimer l'opinion pu- » blique, les renouvellemens partiels lui ôtent le moyen » de la faire connaître avec l'évidence et l'ensemble, etc. »

de l'ordre actuel et la variation continuelle de combinaisons qui en résulte doit ramener plus fréquemment que ne le ferait un ordre et une durée permanente.

Il y aurait beaucoup de choses à dire de cette puissance moderne qu'on parle toujours de consulter, jamais d'instruire ; de révérer, jamais de diriger, et que la manie des temps actuels est de tirer de cet empire vague et indéfini, de ce pouvoir abstrait qu'elle exerce sur les âmes, pour l'élever au rang de domination légale et d'autorité légitime. Il importerait de montrer aux royalistes qui lui prêtent foi et hommage, que cette suzeraine des rois, considérée sur ce trône politique où on l'élève, n'est autre chose au fond que la souveraineté du peuple, que l'organe du peuple souverain et l'exercice de son règne absolu. Qu'à ces titres, les libéraux soient passionnés pour elle ; que les journaux, de quelque parti qu'ils soient, la proclament, cela est dans l'ordre, puisque sans elle il y aurait peu de journaux et point de libéraux ; mais que des royalistes, que des hommes fidèles aux dogmes monarchiques lui reconnaissent de pareils titres, c'est une dangereuse inconséquence.

L'opinion publique, la seule qu'on puisse intituler puissance dans un état constitué, si on ne veut courir à l'anarchie, c'est le corps chargé dans l'état de l'exprimer. Dans le gouvernement représentatif, c'est la chambre des députés, seul organe authentique de l'opinion muette des hommes qui l'élisent (1), hommes dont l'opinion n'a de voix publique et légale que dans leurs bulletins d'élection.

Et remarquez que je ne sépare point ces mots *légale et publique*, afin de distinguer net-

(1) On me dira peut-être que j'oublie ici la chambre des pairs. Non certes, je ne l'oublie pas, mais je la place bien plus haut. La chambre élective siége dans le parlement comme l'opinion des communes : la chambre héréditaire y siége comme l'opinion des pairs. Je place donc dans la balance, et avec un poids égal, l'opinion des communes de France, et celle des pairs de France. Telle est l'institution de l'Angleterre ; mais bien plus (car il faut répondre d'avance aux gens qui disent à tort et travers « nous ne sommes pas l'Angleterre »), telle est l'institution inévitable du gouvernement où la pairie distincte et éternelle forme une des trois parts du pouvoir absolu. Elle n'est ni ne peut être l'opinion des communes qui ne l'ont pas élue, elle est l'opinion d'une autre puissance, la pairie, et cette puissance est, ou doit être, si grande qu'elle balance la première. Puissent le temps et les hommes égaler sa grandeur de fait à sa grandeur de droit.

tement ce que les libéraux s'attachent à confondre, savoir, l'opinion publique, qui n'est qu'un concours plus ou moins nombreux de pensées communes, et l'opinion publique, qui est une puissance légale en un seul lieu par délégation, la chambre, et en un seul cas par elle-même, l'élection.

J'irai plus loin.

Comme les députés ne reçoivent pas de mandats, qu'ils pensent et parlent par leur propre impulsion, je ne vois point en eux des agens interprètes de l'opinion légalement publique qui les a nommés, mais des hommes qui, par le baptême de leur élection, deviennent eux-mêmes la pensée de l'état, et dont la parole et les actes sont de droit, dans les temps d'ordre et de raison, arbitres et régulateurs des opinions communes, des hommes qui sont enfin l'opinion publique personnifiée. Toute autre opinion, qui prétendrait s'intituler légalement publique, est rebelle ou usurpatrice (1). Ainsi pensaient les whigs,

(1) J'ai lu dans un journal royaliste que « les journaux sont en l'absence de la chambre les seuls représentans de l'opinion. » Ainsi l'opinion de la France a pour représentans : 1°. 432 magistrats ; 2°. 15 gazettes.

qui reconnaissent pourtant la souveraineté du peuple ; ainsi pensait-on sous Guillaume et Marie, sous Anne, sous George Ier, temps où la constitution anglaise brillait de tout son éclat, et où les séances étaient secrètes, et les journaux muets, parce que la souveraineté du peuple résidait dans le parlement, non ailleurs ; la voix du peuple dans le parlement, non ailleurs. La chambre des communes était, de fait, l'opinion des comtés et des villes ; elle l'est encore de droit, malgré les remparts de papier qu'elle a laissé élever contre elle.

Nous aurions trop à dire sur cet important sujet, dans lequel, depuis quatre-vingts ans, les erreurs se sont accumulées en Angleterre dans la proportion croissante des journaux et des pamphlets, jusqu'à ce qu'en 89 elles débarquèrent pour vérités en France, où la démence publique les proclama dogmes, et les poussa beaucoup plus loin encore. Je dis, beaucoup plus loin, puisque après trente-cinq ans d'expérience nous voyons encore aujourd'hui des hommes, qui demain seraient martyrs de la souveraineté divine, non-seulement encenser la souveraineté du peuple sous l'image de l'opinion publique, mais encore dépasser tous les whigs présens et à venir, en reconnaissant implicitement cette souveraineté du peuple, ailleurs que dans la chambre qui le représente (1).

Partout ailleurs que dans cette chambre il existe des opinions, soit d'individus, soit de corps ayant droit d'opinions solidaires. Elles sont plus ou moins notables, plus ou moins nombreuses, plus ou moins homogènes; l'usage a nommé ce faisceau de pensées communes *opinion publique*. Je ne prétends nier ni le fait, ni le bien de cette opinion du monde; qu'elle dirige les cœurs, qu'elle soit la législatrice des mœurs, l'arbitre des bienséances, le tribunal des devoirs sociaux; qu'elle agisse même de loin sur les institutions et sur les lois, comme la pensée agit sur la volonté; cela est bien, cela est inévitable; mais je l'arrête à ce point précis, quoique facile à confondre, où ses idolâtres veulent matérialiser, pour ainsi dire, cette puissance spirituelle, ériger la pensée abstraite en volonté active, et faire enfin d'une influence morale, une puissance légale et positive. Je l'arrête à ce point; car, dussent tous les avis être les mêmes, cette unanimité qu'exprimerait-elle? l'opinion du

(1) Voir sur l'opinion publique l'ouvrage intitulé *des assemblées représentatives*. Chap. IV, pages 91-99.

peuple de France; et ce ne serait encore qu'une pensée générale, ou si l'on veut trente millions de pensées privées, puisque le peuple n'a en France de souveraineté nulle part, et d'opinion légale ou publique que dans la chambre qui le représente. Répétons-le encore, car on ne saurait trop le dire; s'il en était autrement, il y aurait souveraineté du peuple; il y aurait, de plus, pléonasme politique, puisque ce peuple aurait deux opinions publiques avouées; l'une, par ses représentans, l'autre, par lui-même. Ces vérités exilées dans le trouble renaîtront dans le calme et le silence; c'est à la septennalité de nous les rendre.

Disons encore un mot des avantages de la septennalité sous deux rapports, le gouvernement et la chambre.

Et d'abord, quant au gouvernement, on a dit et imprimé que le ministère cherchait dans cette mesure l'affermissement de son pouvoir bien plus que celui de la monarchie (1).

(1) J'ai lu cette phrase dans une brochure intitulée *Réflexions sur le renouvellement septennal.* « Nous ne » supposerons pas que le ministère cache sous la sep- » tennalité l'arrière-pensée de se perpétuer au pou- » voir. » Eh! pourquoi donc ne pas le supposer? pourquoi même ne pas l'affirmer? pourquoi serait-ce une

J'espère que non: mais je ne me rends point caution des hommes, et je veux bien accorder, pour tout donner à la faiblesse humaine, qu'en France, aujourd'hui, les ministres n'invoquent la septennalité, comme il y a cent ans en Angleterre, que pour se septennaliser eux-mêmes. Qu'aura-t-on gagné à cet aveu? Rien du tout. Un ministère whig, en se donnant de la durée, affermit la couronne d'Angleterre; un ministère royaliste, en se la donnant de même, affaiblira-t-il celle de France? Fût-il conduit par l'égoïsme le plus nu, mettra-t-il la stabilité dans le gouvernement, sans que le trône, sans que l'état s'en ressentent (1)? Croit-on pouvoir concilier

arrière-pensée? Si le ministre n'est qu'un ambitieux, il veut garder le ministère pour son propre intérêt. S'il est en outre un homme d'état, il veut le garder aussi pour l'intérêt de la France. D'ailleurs, dans le gouvernement représentatif, ministre et majorité sont deux êtres si nécessairement identiques, que c'est une espèce de pléonasme que de dire qu'un ministre veut prolonger la chambre, c'est-à-dire la majorité, pour se prolonger lui-même.

(1) Je sais qu'on dira: « Mais si c'est un ministre en» nemi, ou faible, ou perfide; s'il use de cette durée, » de cette stabilité contre, et non pour l'état. » Je répondrai comme M. Lyddal. « De peur qu'un ministre

la durée des institutions et des choses avec la mobilité des hommes et des places? prétend-on trouver des Lycurgue qui s'exilent après avoir institué? et, si on en trouve, par qui les remplacera-t-on? Il faut subir les calculs personnels, il faut même les accepter comme une caution et un gage, quand ils se trouvent en commandite dans les intérêts de l'état.

Mais si le ministère vous donne l'intérêt personnel de sa propre durée, pour gage de son intérêt public à la durée de l'état, ne vous donne-t-il pas encore dans la force qu'il promet à la chambre un gage de la route qu'il veut suivre? Certes, je dois l'avouer; je

» ne fasse le mal, lui refuserez-vous les moyens de » faire le bien? » Je répondrai encore que la septennalité des whigs, faite hautement pour la révolution, a pourtant porté ses fruits inévitables pour la monarchie. Je dirai enfin qu'en France tout ramène si nécessairement à la pente monarchique dès qu'on lui donne paix et durée, que, quand même le renouvellement intégral et la septennalité eussent été façonnés sous le ministère de M. de Cazes, quand même ils eussent donné une chambre égale à ce ministère, l'institution septennale seule eût peut-être tout compensé, et eût fait de la monarchie sans lui, ou malgré lui, comme elle l'avait fait cent ans plus tôt en Angleterre.

vois une sorte de bonne foi dans l'œuvre d'un ministre, qui sort pour la première fois de ce système mobile, par lequel il pouvait, avec de l'intrigue, fondre et nuancer par cinquième l'opinion de la chambre, et, y mesurant à propos les doses, y façonner long-temps une majorité à son image. C'étoit, j'en conviens, une carrière honteuse et pénible; il fallait y mettre courageusement de côté les affaires de l'état, les travaux de l'administration, l'économie publique, les idées d'avenir, de lois méditées, d'institutions approfondies, et aller naïvement et franchement au but de garder sa place, au résultat de faire des élections et des budjets, et à la gloire de donner des dîners; de présider un cercle, et de porter le nom de ministre; mais enfin d'autres se sont trouvés, d'autres se trouveraient encore, qui subiraient sans murmure cette triviale apothéose. Leur vie était, il est vrai, une perpétuelle tracasserie, mais il y a des gens qui en vivent; et si elle les amoindrissait à l'égard de la France, ils s'accommodaient de ce rabais, comme le résultat d'un régime qui affaiblissait d'autant la chambre à leur égard. En un mot, leur faiblesse avait pour caution la faiblesse de la chambre, et il faut en convenir, on vit fort bien ainsi jusqu'à ce que l'état périsse.

Mais quand un ministre vient apporter à la chambre de la force et de la durée, il faut que toutes ces conditions changent. S'il veut rester petit, les proportions n'y sont plus; la balance penche, il tombe; il le sait, et, comme il a l'instinct de sa propre conservation, il prend clairement l'engagement de se tenir à la hauteur où il vous place. Il ne peut plus doser et amalgamer des majorités ; il faut qu'une fois il en ait une et qu'il s'y tienne. Veut-il régner avec gloire, il faut qu'il la précède ; mais une majorité prise dans la chambre que nous voyons éclore n'est pas précédée comme le troupeau par son berger; la précéder, c'est la deviner, l'étudier, s'identifier avec elle et marcher le premier dans la route qu'elle parcourt; tout au plus éclairant la marche, la pressant ou la retardant, et mettant les conseils de la sagesse et de l'expérience à côté de l'impulsion du bon sens et de la droiture. Dans les conditions nouvelles, le ministre qui ne précéderait pas ainsi, serait réduit à suivre ou à rompre : rompre, c'est, ou tomber et faire place à un ministre qui saurait entrer dans les conséquences du nouveau système, ou dissoudre, et courir les dangers d'un appel à l'opinion non plus d'un cinquième de la France, mais du royaume entier. Je ne crois pas que la France reproduise de long-temps un ministère assez insensé pour aborder de sang-froid de pareilles conséquences.

Convenons donc, reconnaissons avec candeur, quelque peu ministériels que nous puissions être, que le ministère qui propose une chambre septennale prend l'engagement de s'élever autant qu'il l'élève, pour durer autant qu'elle dure, et qu'il lui donne de la force, pour lui, s'il veut marcher avec droiture, honneur et gloire, contre lui, s'il veut se traîner avec intrigue et faiblesse. J'espère que son choix est fait.

Si maintenant nous considérons la question septennale par rapport à la chambre même.

On a déjà vu quelle opinion divergente nous avons prise entre ceux qui craignent dans la septennalité l'augmentation de puissance du trône par l'affaiblissement de la chambre, et ceux qui craignent l'affaiblissement du trône par l'accroissement de puissance de la chambre, car ces thèses extrêmes ont été soutenues; on peut choisir. Pour nous, nous avons vu dans la septennalité force à tous deux et l'un par l'autre. Cela peut paraître étrange jusqu'à ce qu'on ait reconnu, comme en Angleterre, que la majorité, c'est-à-dire la chambre et le gouvernement, sont identiques, et que dans les trois pouvoirs il y a, non pas balance, mais unité.

Un journal royaliste a dit : « N'est-il pas » possible que des hommes certains de leur » sort se montrent plus exigeans envers les » ministres ? » Non-seulement cela est possible, mais cela est même indubitable, et c'est pourquoi j'ai loué les intentions d'un ministère qui ne recule point devant cette difficulté. « Des hommes, a-t-il dit encore, s'é- » chapperont du pouvoir par la seule raison » qu'ils auront plusieurs années devant eux. » N'est-il pas démontré que le renouvelle- » ment successif de la chambre met les hom- » mes dans une dépendance plus immédiate » du pouvoir ? — Ces relations ne sont-elles » pas pour les ministres une plus forte ga- » rantie de l'appui des députés nommés ? » etc. » Voilà, certes, d'excellentes raisons pour un ministère faible, et en défiance ou en division avec la chambre. Cependant voici un ministère qui fait le contraire ; il est donc déterminé à être fort et identique avec la majorité. Enfin le raisonnement de ce journal se réduit à ceci : « la chambre sera moins servile et plus elle-même. » C'est un bizarre argument royaliste contre la septennalité, et je conseille de le renvoyer au ministre Walpole.

Oui, les députés seront *certains*, c'est-à-dire que la chambre sera fixe, qu'elle aura le temps de se rendre homogène dans son poids, dans l'action qu'elle recevra du ministère, ou dans celle qu'elle lui imprimera. Elle aura de la carrière pour agrandir ses idées, du temps pour mûrir ses plans, de l'expérience pour les conduire. Elle ne verra plus une accession et une amputation annuelles changer son essence de manière qu'aucun lien ne puisse subsister entre une session et la session suivante; elle pourra acquérir cette institution inestimable, donnée à l'Angleterre par l'expérience et la nécessité; les commissions intermédiaires, espèce de chambre des vacations pour le travail seulement, au moyen desquelles, dans l'intervalle des sessions, s'élaborent par un petit nombre d'hommes choisis les travaux, les renseignemens, les plans, les calculs qui doivent éclairer la session suivante, simplifier ses opérations et abréger sa durée; organisation admirable, d'où découle en grande partie cette simplicité d'administration que nous envions à l'Angleterre.

Mais enfin quelle sera cette chambre toute homogène dans l'esprit royaliste et promue à une dignité septennale? Uniformité d'hommes, longueur de temps. Sans doute, diront, et même ont déjà dit quelques personnes, la chambre sommeillera dans une si belle occasion de dormir : les royalistes unanimes et sans résistance vont s'étendre sur un lit de repos, etc.

A dire vrai je ne désespérerais pas de cette utopie ministérielle, si le côté gauche existait encore dans la chambre ; mais il faut l'avouer, son exclusion totale change beaucoup pour le ministère cette perspective de repos. Ai-je besoin de m'expliquer ? non, pour quelques personnes : faisons-le toutefois pour les autres.

Qui assure le repos, l'existence du ministère? la majorité. Quelle est la chose qui lui importe le plus? de la consolider et de la rendre indivisible. Quels moyens a-t-il pour cela ? sa force personnelle qui la rallie, ou la crainte d'une force ennemie qui la rallie encore. Quel rôle jouait la gauche dans la chambre? le rôle d'un ennemi devant lequel on ne se divise pas. En présence de la conspiration ou de la révolte, dix nuances de royalisme s'effacent, il ne reste qu'une couleur, le blanc; qu'un parti, la monarchie : il ne s'agit plus de son mode d'administration, mais de son salut ou de sa perte; tous ceux qui la veulent marchent en front de bandière, et voilà une majorité. Toute irruption de la gauche la donne au ministère, et cet effet naturel a été en mille occasions si utile au gouvernement qu'on peut s'étonner que les libéraux se soient pour ainsi dire enrôlés au service de ceux qu'ils voulaient détruire, et leur aient fourni gratuitement un tribut utile d'injures et d'extravagances. Aujourd'hui même, si on avait une moins juste confiance dans la loyauté des hommes qui nous gouvernent, il serait permis de soupçonner dans la nature des choses et dans celle du cœur humain un regret au fond de leur cœur pour ce petit corps de flibustiers, dont la crainte ou l'horreur disciplinait la troupe réglée. On pourrait se rappeler à son égard cet époux de la fable, bénissant le voleur qui avait jeté sa femme dans ses bras.

En effet, que doit-il arriver aujourd'hui que cette étrange anomalie dans une chambre française est enfin détruite, et que son invisible débris ne peut plus être compté dans les combinaisons parlementaires?

Que la chambre, affranchie de cette longue maladie, entrera pour la première fois dans les conditions naturelles et inévitables des gouvernemens représentatifs, c'est-à-dire qu'il s'y formera une véritable opposition.

Cette opposition, cette minorité toute monarchique, soit qu'elle le soit dans des principes plus forts et plus tranchans que le ministère, soit qu'elle le soit à un taux moins décidé que lui, cette minorité, marchant vers un but légitime, unie sous une bannière honorable, ne se présentera plus comme un hideux ennemi dont l'alliance est un affront, et qui grossit, en l'offrant, la majorité du ministère, mais comme un rival estimé qui peut, avec le temps, affaiblir ou déplacer cette majorité.

Certes, il y aura là plus d'estime et d'honneur, mais moins de repos et de sécurité. Je veux donc le dire encore à l'honneur des hommes qui gouvernent; si, en dissolvant la chambre, ils ont prévu, bien plus, s'ils ont voulu amener un tel résultat, ils ont prouvé qu'ils comptaient sur leur force, et qu'on devait compter sur leur conscience.

Toutefois, ne regardons pas, et surtout que les ministres ne regardent pas comme une chose indifférente que l'opposition soit, pour me servir de termes généraux, plus royaliste ou moins royaliste qu'eux. Il faut, il importe au salut de l'état que l'opposition ne se trouve jamais que dans le parti moins fort en principes monarchiques que le ministère et la majorité. La raison en est simple; c'est que le ministère, étant le bras du roi, le roi même, c'est en lui, sous peine d'inconséquence mortelle, que doit être l'apogée des idées, des dogmes et des sentimens qui exaltent la puissance du roi. Dût-il aller trop loin dans cette ligne, ce serait un tort, et l'opposition serait là pour le contrôler; mais ce ne serait pas une inconséquence. Cette part faite d'avance au ministère est si inévitable, que, dût-il être le type infaillible de la véritable opinion monarchique, dût-il voir cependant l'empressement ou l'exagération de quelques hommes jeter une part notable (1) de la chambre dans une région plus monarchique que la

(1) Je dis *une part notable*, et je supplie qu'on pèse cette expression; c'est-à-dire une part suffisante par son nombre et ses talens pour former une minorité compacte, et par conséquent le noyau d'une majorité possible. Je n'appellerais pas ainsi le cas fortuit de quelques opinions ou de quelques ambitions excentriques.

sienne, ce serait à lui, en politique habile, de s'y élever et de gagner les devants pour la diriger, au lieu de s'exposer à suivre, à rompre, ou à jeter le rôle monarchique à l'opposition. Cette faute fut faite en 1815, et je ne dois pas l'appeler une faute, car ce ne fut point erreur, mais combinaison. Une fois entrés dans cette route de perdition, une fois nourris de ses fruits empoisonnés, nous avons vu successivement des ministres coupables ou insensés venir lâchement sacrifier sur l'autel de la chambre les membres de cette prérogative qu'ils étaient institués pour défendre, ouvrir eux-mêmes la brèche sur laquelle ils eussent dû mourir, immoler, tantôt le droit des amendemens, tantôt le domaine royal, tantôt le pouvoir absolu sur l'armée... Je m'arrête dans cette triste carrière ; fut-elle crime ou démence, je l'ignore ; mais elle fut inconséquence, et cela était plus funeste encore.

Je me résume en disant qu'à tout prix, et même au prix de quelques sacrifices dans sa propre opinion, le ministère doit jeter l'opposition dans les monarchistes du second degré. Certes, je parle ici contre moi-même, contre tous ceux qui sentent couler un sang généreux dans leurs veines; car une opposition plus monarchique que le ministère est un rôle noble et éclatant, et il peut en coûter quelques sacrifices de gloire à désirer qu'il nous l'enlève.

CHAPITRE VI.

Comparaison des deux époques.

Nous avons traité dans les deux chapitres précédens de la septennalité en Angleterre, et de la septennalité en France. Résumons et comparons brièvement les deux époques et les deux situations.

Différence dans la question. L'Angleterre passait d'un renouvellement intégral à un renouvellement intégral; toute la question était dans la différence de durée. La France passe d'une élection partielle à une élection générale. La question y est donc, non-seulement dans la différence de durée, mais encore dans celle de renouvellement. Toutefois, tout le fond, tout l'essentiel de la question est, en France comme en Angleterre, dans le seul point de la durée.

Différence dans les hommes. En Angleterre des républicains plaidant une cause monarchique, contre des royalistes qui l'attaquent. En France, des royalistes soutenant cette même cause contre les ennemis de la monarchie.

Différence dans les motifs. En Angleterre sceller une usurpation récente, maintenir le pouvoir aux mains républicaines qui la soutiennent. En France affermir une légitimité antique, exclure du pouvoir les révolutionnaires qui la combattent.

Différence dans les moyens. En Angleterre saisir la septennalité de vive force, et pour soi-même, contre le vœu d'un peuple qu'on avoue pour souverain. En France la soumettre par une réélection générale au vœu d'un peuple reconnu pour sujet.

Différence dans la position. En Angleterre la question était moins vitale, tout l'état existait, on ne disputait que pour savoir quel parti en aurait la possession. En France la question est de l'état même, *to be or not to be.*

Différence dans les effets. En Angleterre la septennalité affermit le trône par et pour la révolution. Elle planta la monarchie, mais elle sema autour des principes de trouble et de discorde. Ils ont germé, l'arbre est chargé de fruits; peut-on l'abattre? mûriront-ils? Un demi siècle peut résoudre ce problème. En France la septennalité doit consolider le trône par et pour le trône même; elle plante la monarchie dans un sol monarchique; elle doit l'entourer d'une forêt d'institutions monarchiques, de dogmes de paix et de principes de durée. L'histoire, qui a jugé la première, viendra dans cent ans juger la seconde.

Enfin, en Angleterre la septennalité, subite, imprévue, emportée d'assaut par 500 décemvirs comme une conquête sur le peuple irrité, sauve les whigs d'une ruine imminente. En France elle conserve les royalistes au pouvoir que trois années de suffrages leur ont mûrement confirmé. Elle est mûrie, publiée, connue, longuement discutée d'avance dans mille journaux, que l'Angleterre n'avait pas alors le bonheur de posséder. Il n'est personne en France qui, s'il descend dans le vrai de sa conscience, ne sache que la septennalité ne viendra pas à la chambre pour les députés, mais que les députés viendront à la chambre pour la septennalité.

En Angleterre on conserve la chambre de 1716 sans mesure, sans pudeur, avec une franchise effrontée; en France on conserve la chambre de 1823 avec les ménagemens d'une conscience timide ou timorée; on veut pour ainsi dire qu'elle ait des pouvoirs spéciaux: les demander en forme eût été faiblesse, illégalité, attentat contre la monarchie. Dissoudre et réélire était les demander tacitement. Si la chambre revenait la même, l'assentiment public était prouvé, la conscience publique satisfaite, et le but politique atteint, avant même que la question septennale fût discutée. Il n'y a donc point en France de *coup d'état*, mais tous les caractères d'un grand œuvre d'état perpétré avec une probité politique aussi rare que savante quand elle s'adresse à des Français.

CHAPITRE VII.

Conclusion.

Dans tout ce qu'on a écrit sur cette importante question, dans tout ce que j'en ai écrit moi-même, les opinions opposées sont constamment parties de deux bases exclusives l'une de l'autre.

Quand deux opinions contraires sont parties d'un même point, elles peuvent se rapprocher et marcher au même but.

Mais quand elles sont parties des antipodes, plus elles sont conséquentes, plus elles divergent.

Les opinions qui me sont opposées ont pris pour point de départ le mouvement, l'énergie, l'empire de l'opinion commune, enfin l'intérêt des députés ou de ceux qui aspirent à l'être.

La mienne a pris pour base le repos, la stabilité, la durée, la direction de l'opinion publique, enfin l'intérêt des peuples et de l'état.

De là deux notions parlementaires diamétralement opposées.

Il serait curieux, et peut-être instructif, de pouvoir se figurer en regard deux parlemens ou plutôt deux chambres instituées d'après ces différentes notions.

Vous verriez dans l'une un renouvellement accéléré, qui, joint à de nouvelles conditions d'années et d'impôt, ouvrirait une porte immense à la foule de tout âge, de tout état et de toute fortune; car il serait juste que chacun *pût jouir à son tour*. Vous verriez les tribunes publiques s'agrandir, les cases des journaux se multiplier, les pétitions pulluler et amener toutes les affaires de France et toute la France même à la tribune : tout serait pour et par le public, pour et par son opinion souveraine; vous verriez enfin une inexhaustible fécondité traduire en encyclopédie les questions les plus simples, et éterniser les sessions aux dépens du royaume et de qui il appartiendrait, réduisant tout le devoir, tout l'office, tout le but et le bonheur d'une assemblée de magistrats à une seule chose, parler.

De l'autre côté, vous verriez..... Mais nous aurions tout dit en disant qu'on y verrait précisément l'inverse de toutes ces choses. Ce ne sera certes pas un des moindres avantages de la septennalité, que d'achever, à l'abri de sa marche paisible, d'opérer cette conversion, et de nous montrer enfin un sénat là où fut une arène.

N'en doutons point, cette septennalité sera adoptée. « On ne peut se figurer, a dit M. de » Châteaubriand, quel bonheur ce sera en » France qu'une session finissant sans qu'il » soit question d'élection nouvelle. » Jamais vérité plus simple n'a été plus universellement répétée. Toute la France en retentit. Ce vœu est si bruyant, si unanime que, quoique le peuple n'ait pas de voix légale en France, il est impossible de ne pas l'entendre et de ne pas s'en laisser pénétrer. La France entière, à quelques ambitieux près, demande au pouvoir le repos et la confiance; elle veut semer, récolter, posséder, jouir : tout grand peuple, tout vieux peuple ne veut et ne doit vouloir autre chose; elle veut dormir enfin sans que la trompette politique la réveille.

Député d'une province où on trouve du ressort et de l'énergie, j'y ai vu partout, non-seulement demander la septennalité comme un gage de paix et de bonheur, mais l'accepter comme un bienfait assuré d'avance. Que dis-je? si vous écoutez les pères de familles, les cultivateurs, les bons et solides marchands, tous ces hommes qui, après tout, sont la base et le capital de l'état, sept ans les satisfont à peine; ils voudraient en étendre la durée, on dirait qu'on leur taille le repos trop court après trente-cinq années de mouvement. Jugez ce qu'ils penseraient de la quinquennalité qui suspendrait sur leurs têtes un renouvellement intégral au bout de trois ou quatre ans! Ne nous le dissimulons pas pourtant, ce mode aura des appuis dans la chambre, c'est la seule ressource qui reste aux partisans du mouvement. Il ne se présentera pas (j'en doute au moins) comme conservateur de la charte; cette voie serait trop spécieuse et trop facile à combattre; mais il interviendra dans une discussion échauffée ou embarrassée, à titre de transaction entre les extrêmes, milieu dangereux auquel s'agglomèrent promptement les esprits faibles, fatigués de lutter et charmés de gagner un peu sans combattre davantage. Je regarde cette espèce de proposition de paix comme un des piéges les plus fâcheux qu'on pût tendre à la chambre. Puissent ses lumières et son énergie l'en préserver : c'est la septennalité, rien que la septennalité que la France lui demande; le peuple y voit le germe de ses récoltes, la fructification de son labeur; la classe élevée y voit l'aurore des institutions qui serviront de garantie à tout le reste, car la septennalité lui plaît, non pas seulement par sa stabilité, mais par l'instrument qu'elle donne au pouvoir pour en édifier ou en affermir les bases.

Et, qu'il nous soit permis de le dire en finissant, c'est là, c'est vraiment là sa réelle importance. Qu'elle permette au ministère, affranchi des nécessités d'une politique tortueuse, d'ouvrir une nouvelle marche avec une nouvelle chambre, qu'il puisse s'associer, se fondre avec cette chambre si dévouée aux grands intérêts de la monarchie; qu'il puisse manifester avec droiture ce qu'il se propose de faire, ce qu'il demande au présent, ce qu'il attend de l'avenir; qu'en donnant ou en demandant la septennalité à la chambre, il ne se renferme pas dans la lettre abstraite et morte, mais qu'il s'élève à la hauteur d'un pacte entre le trône et la France, à l'importance d'un traité, d'un devis, pour ainsi dire, entre le ministère et la chambre, où celle-ci, stipulant comme libre et majeure dans un si haut intérêt, pèse et ratifie, non pas seulement le texte aride d'une loi, mais les conséquences fécondes qu'elle renferme. Ces vœux, ces espérances, je dirais même cette attente et cette conviction, sont dans le cœur de la majorité de la chambre;

ils sont aussi, n'en doutons pas, dans celui des ministres. Que cette conformité se révèle, que le ministère en pose avec confiance les bases; qu'il en déduise avec franchise les effets : confiance et franchise enlèvent tout en France; qu'il en dirige, modère, avance ou retarde la marche, rien ne lui sera contesté par ceux qui sauront et croiront; mais il faut qu'ils sachent, il faut qu'ils croient; il faut mener les Français les yeux ouverts, fût-ce au gouffre de Curtius; ils vont partout où les mène la confiance; mais ils ne la donnent qu'à qui leur donne la sienne.

APPENDICE.

Examen de quelques opinions sur la dissolution et la septennalité.

Je devrais terminer ici cet écrit, mais il m'a semblé que son but ne serait pas entièrement rempli si je n'essayais de réfuter d'avance quelques assertions, qui, après avoir été imprimées dans des journaux et des brochures, pourront encore se reproduire à la tribune. J'ai cru devoir les réunir dans cette partie séparée de mon ouvrage.

Je commencerai par quelques remarques sur l'écrit d'un homme qui porte avec honneur un nom justement révéré.

Cet auteur dit, et des journaux l'ont répété, « que les élections successives ont sauvé la France dans un temps où les élections générales l'auraient perdue. »

Ainsi l'auteur prend son exemple à l'époque où la loi actuelle des élections avait passé, où la chute de deux ministres avait permis à la France d'enrayer dans la pente où on l'entraînait, et où le nouveau ministère avait résolu d'arrêter les progrès des révolutionnaires.

Alors les élections successives qui suivirent, poussées par la nouvelle loi, par l'effroi public et par le vœu du ministère, commencèrent à rétablir par degrés la majorité royaliste dans la chambre.

Mais 1°. l'influence qu'eurent sur trois élections partielles les causes que je viens de citer, elles l'auraient eue de même sur une élection générale, et par conséquent cette élection générale eût peut-être rassuré et raffermi la France un ou deux ans plus tôt que l'élection successive.

2°. Si les événemens qui changèrent la direction des élections successives n'étaient pas arrivés, elles auraient continué de suivre la route qu'elles avaient tenue pendant trois ans, et une ou deux élections de plus auraient consommé la perte de la France. Ce n'est donc pas leur forme successive qui l'a sauvée, mais l'effroi du triomphe libéral, le sang d'une victime royale et la chute du ministère.

3°. Comme je crois l'avoir dit dans mon premier chapitre, s'il n'y avait pas eu d'élections successives, le renouvellement intégral de 1816 eût laissé les choses pendant plusieurs années telles qu'il les avait trouvées ; et certes, quoique les royalistes y fussent en minorité, cette minorité était alors assez redoutable pour que la carrière libérale n'eût pu être suivie avec une chambre ainsi composée pendant plusieurs années, comme elle le fut quand les élections successives lui eurent amené des renforts.

Ainsi, même en me plaçant sur le terrain que l'auteur s'est choisi, je crois pouvoir dire que les élections successives nous ont menés plus vite à notre perte que ne l'auraient fait les élections intégrales.

Mais pourquoi me placerais-je sur ce terrain unique? L'auteur nous prend au juste milieu où l'infiltration de deux élections successives avait vicié la chambre et la France, et nous dit : « Si dans ce moment précis le » ministère avait cassé la chambre, l'élection » intégrale nous aurait donné une chambre » désastreuse, etc. »

Qui m'empêche de me placer dans trois autres momens ? Le premier, 1815, où l'élection intégrale avait produit une chambre qui, si on eût su s'en servir, eût opéré la gloire et le salut de la France. Le second, 1816, où l'élection intégrale laissait l'esprit monarchique dans la chambre sur un pied assez respectable pour qu'on ne pût consommer sa ruine. La troisième, 1821 ou 1822, où l'élection intégrale aurait donné partout les mêmes proportions royalistes que donnèrent un ou deux cinquièmes, et par conséquent aurait hâté le salut de la France.

« L'opinion royaliste, dit quelque part cet » auteur, se prononce malheureusement con- » tre la question du renouvellement inté- » gral. »

Il est permis de lui demander sur quelles bases il a pu fonder une certification si péremptoire de l'opinion publique. Un homme comme lui ne l'a sans doute pas prise dans les affirmations de quelques journaux. Quant à moi, si j'osais répondre d'une autre opinion que de la mienne, je me porterais volontiers caution du contraire. Et pourquoi la majorité royaliste serait-elle opposée aujourd'hui à l'avis pour lequel elle se prononçait toute entière en 1816? D'où naîtrait ce changement? l'époque est-elle moins tempestive? a-t-on perdu trop peu de temps? la chose n'était-elle bonne qu'en opposition au gouvernement? devient-elle mauvaise d'accord avec lui? J'attendrai pour douter de ma propre conviction qu'on m'explique cette énigme.

Je citerai maintenant quelques idées du même auteur sur le droit de modifier la charte.

Il dit, pag. 9 : « C'est à celui seul qui a » donné la charte que me semble apparte- » nir le droit de la modifier, car je ne » comprendrais pas comment les chambres » auraient le droit d'intervenir dans la révi- » sion d'une loi fondamentale qui nous a été » donnée sans leur intervention. »

Ici il faut distinguer. Je crois avoir établi dans le troisième chapitre de cet ouvrage qu'il importait de considérer la charte comme composée de deux natures ; l'une supérieure et antérieure à la charte, essence de la monarchie, et émanée de Dieu même ; l'autre, étant seulement l'organisation de la première et formant la charte proprement dite.

Les articles qui appartiennent à la première sont des dogmes, des droits, des propriétés d'institution divine, les hommes n'y peuvent toucher que par violence.

Les articles qui appartiennent à la seconde sont des lois, lois supérieures aux simples lois civiles, lois d'état, lois politiques, mais enfin lois et d'institution humaine ; les hommes y peuvent toucher légitimement.

Maintenant la question se réduit à ceci :

« Est-ce le roi seul qui est le pouvoir législa-
» tif? » Non, puisqu'il a institué deux puissances qui le partagent avec lui.

Ainsi, parlons-nous de ces articles indûment compris dans la charte, et qui sont au-dessus et hors d'elle? ce sont des droits de la couronne; le roi n'y peut toucher.

Parlons-nous des autres? ce sont des lois: le roi n'y peut toucher qu'avec le concours des chambres.

Idem, pag. 10 et 11. « Lorsque le roi juge
» à propos de faire intervenir les autres pou-
» voirs de l'état dans ces hautes questions
» (l'examen des articles de la charte), la dé-
» claration et la réserve des droits de la
» royauté devraient toujours être faites d'une
» manière solennelle. »

Le roi seul ayant l'initiative, rien ne peut être censé fait, défait et modifié que par son ordre, sa volonté, sa concession si l'on veut. Cela s'applique non-seulement aux lois d'état contenues dans la charte, mais même aux moindres lois distributives. Ainsi quel besoin et quel sujet peut avoir le roi de faire des réserves locales quand l'initiative est une réserve et un titre éternel attestant partout que rien, en fait de loi, ne peut émaner que de lui, et naître que de sa volonté?

Idem, pag. 11. « C'est en vain qu'on cher- » cherait à nous opposer l'esprit et les opi- » nions de l'Angleterre sur *l'omnipotence* » parlementaire qui semble dans ce pays » s'élever au-dessus du pouvoir royal, etc. » Ceci ne me paraît pas présenter une notion assez exacte des principes de la monarchie anglaise. En Angleterre, l'aristocratie, les majorités aristocratiques peuvent s'élever au-dessus du roi; mais *l'omnipotence* parlementaire est le pouvoir trinitaire, la puissance une en trois personnes dont le roi fait partie, on ne peut donc dire qu'elle s'élève au-dessus de lui. *L'omnipotence* parlementaire n'a pas de sens si on l'applique des deux chambres au roi, c'est-à-dire de deux parties du parlement à la troisième; elle n'a d'application que du parlement, dont le roi fait partie, aux individus et à l'état.

Idem, pag. 12 et 13. « D'après la charte le » roi fait toutes les ordonnances pour l'exé- » cution des lois *et la sûreté de l'état*, donc il » est *seul juge* de ce qui intéresse *la sûreté de* » *l'état*, donc tout ce qui intéresse cette sû- » reté peut être prévenu par lui seul (je n'en- » tends pas bien le sens du mot *prévenu*). Or, » toucher à la loi fondamentale de l'état, » c'est reconnaître par cela même que la sû-

» reté de l'état l'exige (on en pourrait dire autant de beaucoup de lois civiles, pénales, etc., où la sûreté de l'état est intéressée, et d'inductions en inductions le roi redeviendrait le seul législateur, en substituant au mot de lois celui d'ordonnance); donc, regar-
» der l'intervention d'autres pouvoirs que
» le pouvoir royal comme nécessaire et obli-
» gée dans la discussion, et la décision
» d'une question fondamentale qui intéresse
» la sûreté de l'état, c'est dire implicitement
» que le roi n'a pas le droit de faire seul
» *toutes les ordonnances* nécessaires pour la
» sûreté de l'état, et la charte dit explicite-
» ment tout le contraire. »

Ceci me paraît une pure querelle de mots, et je ne puis adopter les inductions que l'auteur en tire. Toutes les fois qu'on dit *ordonnance*, on nomme une chose d'un ordre inférieur aux lois communes, à plus forte raison aux lois d'état, et qui n'agit que dans le cercle que ces lois ont tracé. Si une ordonnance peut changer une loi, un article de la charte, il n'y a aucun empêchement à ce qu'une ordonnance supprime les deux chambres *pour la sûreté de l'état*, et par conséquent à ce que le roi reprenne ce qu'il a partagé. Il y a donc ici abus dans le sens du mot *ordonnance*. Ce n'est pas qu'en cas de péril imminent de l'état je ne fusse charmé qu'on lui donnât un sens plus étendu, et que ce fameux article fût interprété à dictature; mais ce serait une exception exigée par un temps d'exception, et il faut lui en laisser le caractère. Disons plus, j'aurais préféré que cet article ne se trouvât pas dans la charte, ou du moins ne s'y montrât pas susceptible du sens qu'on lui donne ici, car une exception à la charte ne doit pas être mentionnée dans la charte. Toutes les fois qu'un roi sait régner, l'article est superflu et l'exception se fait elle-même; quand il ne le sait pas, l'article a beau être là, l'exception ne se fait pas.

Idem, pag. 13. « Et que faudrait-il con-
» clure si les chambres rejetaient une loi
» proposée par le roi pour *la sûreté de l'état?*
» Il faudrait conclure, ou que le roi n'est pas
» juge de ce qui intéresse la sûreté de l'état,
» ou qu'il en a mal jugé, ou que les cham-
» bres refusent d'y pourvoir. »

Il faudrait conclure du mauvais emploi de la souveraineté triple, ou ce que vous concluriez du mauvais emploi de la souveraineté une, ou que la souveraineté triple ne vaut pas la souveraineté une. Libre à vous de discuter ce dernier point; alors placez-vous hors du cercle de la charte ; mais si vous vous enfermez dedans, vous admettez la souveraineté triple, et vous ne pouvez y appliquer les principes de l'autre.

Page 14. « Il faut que la raison et l'autorité demeurent en dernier ressort à quelqu'un. »

Nul doute à cela ; mais encore une fois, *ce quelqu'un* vous l'avez fait triple, vous l'avez fait un en trois. Est-ce mal? est-ce bien? c'est une autre question. Cela est, et vous vous placez dans cette hypothèse ; elle ruine votre raisonnement.

Idem, page 15. « C'est au roi seul qu'il peut » appartenir de changer la constitution de » l'état, parce que je ne saurais attribuer ce » droit à la nation dont la souveraineté n'est » reconnue par la charte, ni en tout, ni en » partie. »

Cette déduction ne me paraît pas parfaitement conséquente : 1°. la souveraineté du peuple serait reconnue par la charte qu'elle n'en existerait pas plus pour cela, car ces questions relèvent de Dieu, non des hommes. 2°. Les points fondamentaux de la constitution de l'état, dont j'ai déjà cité plusieurs, sont domaines inaliénables de la couronne; les chambres ne peuvent pas y toucher, par la même raison que le roi, qui en est usufruitier, ne peut y toucher lui-même. 3°. Quant aux choses auxquelles les chambres peuvent toucher, ce droit n'a rien de commun ni avec la nation, ni avec la souveraineté du peuple; car elles et leurs pouvoirs n'émanent pas du peuple, mais du roi; par conséquent du droit divin en vertu duquel il règne. Il a conféré à la nation le droit d'élire des hommes auxquels, réunis aux chambres, il a conféré le droit de faire des lois, mais il n'a pas conféré pour cela à la nation le droit de faire des lois; encore moins le tient-elle d'elle-même.

J'ai cru rendre hommage au nom, aux talens et aux opinions de l'auteur, en le combattant franchement sur le petit nombre de points où nos sentimens diffèrent.

J'extrais les principes suivans d'une série d'articles imprimés dans le Journal du Commerce, par un député du Cher.

« Nos politiques anti-constitutionnels.....
» ont imaginé la subtile distinction des ar-
» ticles *fondamentaux* et des articles régle-
» mentaires, pour en composer une double
» charte; l'une immuable, et l'autre variable
» au gré du pouvoir, etc. »

L'homme ou les sociétés ont des droits an-

térieurs aux chartes. « Les constitutions po-
» litiques déclarent ou reconnaissent, mais
» ne confèrent pas ces droits antérieurs... La
» loi politique n'en parlerait pas, que la vio-
» lation de ces droits n'en serait pas moins
» un acte de tyrannie... Liberté individuelle,
» inviolabilité de la propriété, égalité devant
» la loi, etc. ...., loin de former des disposi-
» tions fondamentales de la charte, sont des
» énonciations surérogatoires. La loi politique
» consiste donc dans les combinaisons ima-
» ginées par le pouvoir constituant pour or-
» ganiser la liberté politique, ou la garantie
» de la liberté civile. Ces combinaisons de ga-
» rantie sociale, varient suivant l'esprit des
» nations, etc. »

Rien de plus juste que ce second raisonnement; mais, ou il admet ce que le premier vient de blâmer, c'est-à-dire une double charte, dont l'une est immuable, et l'autre variable, ou il adopte ce que j'ai établi; c'est que la charte proprement dite ne se compose pas de ces *droits antérieurs* qu'il appelle très-justement des *énonciations surérogatoires*, droits qui sont immuables, et dont l'auteur eût dû étendre la série à ceux de la religion et du trône, mais qu'elle se compose seulement de ces *combinaisons* qu'il appelle *la loi politique*, et qui sont *variables*.

Comme la série d'articles dont je viens de citer un passage est écrite avec esprit et dialectique, je ne crois pas inutile de lui opposer ici quelques mots de plus.

« Il faut, dit l'auteur, qu'on *nous* prouve » que la loi suprême du salut de l'état (ce » qu'il appelle *le besoin réel de la société, la* » *nécessité*), commande impérieusement de » changer la constitution de la chambre élec» tive. »

Sans doute, il faut qu'on *vous* le prouve; mais qu'entendons-nous ici par *nous* et par *vous? la société* apparemment. Et qui est dans l'état, la société légale, représentée et personnifiée? *le parlement.* Votre raisonnement se réduit donc à ceci : *il faut qu'on prouve au parlement.*

Au lieu de cela, l'auteur semble prendre le mot *nous* au pied de la lettre : c'est à lui-même ou à tout autre contrôleur qu'on serait tenu de prouver. Il examine par lui-même « si la loi suprême du salut de l'état impose » la nécessité de cette altération; » et après avoir considéré le renouvellement partiel dans ses rapports avec le roi, les pairs, le ministère et la nation, il prononce qu'il ne voit pas sa *nécessité*. Il s'ensuivrait donc dans l'ordre exact de son raisonnement que, comme il faut qu'on lui prouve et qu'on ne lui a pas prouvé, l'altération ne peut se faire. Mais lui, moi, nous, la France entière ne veulent dire qu'une chose, *le parlement*. Partout ailleurs il y a opinion ; dans *le parlement* seul il y a droit : c'est à lui qu'on doit prouver ; c'est lui qui juge de la preuve, c'est lui qui agit en conséquence : je ne parle pas ici du fait dont l'évidence est trop claire, mais de la conséquence inévitable et contradictoire qui résulte du raisonnement de l'auteur.

Il est vrai que, comme pénétré de cette conséquence inévitable, il insiste sur le danger qu'un tel pouvoir puisse être exercé par le parlement. « Le parlement anglais, dit-il, » a neuf fois interverti l'ordre de succession » à la couronne, il est sans frein, etc. » Sans doute, comme tout ce qui est sans bornes, comme tout ce qui a pour principe la souveraineté du peuple, le plus illimité des despotismes. Ce parlement fait bien plus encore, il peut ordonner qu'un homme sera tué, même sans être entendu, par une loi qu'on appelle *bill d'attainder*. Cela est monstrueux, mais conséquent, car le droit divin n'est pas là pour s'y opposer. Devant la souveraineté du peuple, c'est un droit; devant la souveraineté divine, ce serait un crime. Mais enfin, qu'est-ce que cela prouve? une seule chose, que le despotisme est un terrible gouvernement, qu'il est plus terrible en trois qu'en un; qu'il est plus terrible quand ces trois le dérivent du peuple, qui n'a pas de bornes, que quand ces trois le dérivent de Dieu, qui leur en prescrit. Accordé. Mais cela ne prouve pas ce qu'il fallait prouver, qu'il n'y a pas despotisme de fait et de droit là où il y a parlement; et dès que vous ne prouvez pas cela, vous pouvez gémir sans doute sur le danger de lui voir altérer la charte, mais vous ne pouvez contester la nécessité que ce pouvoir lui soit confié. Je dis *confié* pour me conformer au raisonnement de l'auteur, car ce pouvoir lui est inhérent. Rejetez donc le gouvernement représentatif, ou admettez ses conséquences.

Un autre auteur, dont j'estime les talens et l'opinion, a dit dans un ouvrage intitulé : *Réflexions sur le renouvellement septennal*, que le renouvellement annuel et par tiers de la Convention devait consolider la constitution de l'an 3, et que si ce renouvellement partiel y eût amené ses amis, au lieu de ses ennemis, elle se fût prolongée indéfiniment (cela n'a pas besoin d'être démontré, car cela revient à dire que si un gouvernement, si mauvais soit-il, ne rencontrait jamais d'opposition il durerait indéfiniment). L'auteur semble en conclure que le renouvellement partiel et quinquennal ferait aussi durer indéfiniment la constitution de 1814; et je pense qu'il devrait ajouter de même, *s'il n'amenait jamais dans la chambre que ses amis*. Laissons donc de côté cette supposition d'amis et d'ennemis, qui est égale de part et d'autre, comme dans les équations d'algèbre on dégage les quantités égales pour réduire la formule aux plus simples termes. Il reste que le renouvellement annuel de la Convention devait consolider la constitution de l'an 3, et que par suite le renouvellement annuel de la chambre doit consolider celle de l'an 1814. Maintenant, si le vrai est directement le contraire de la première proposition, il l'est également de la seconde. Or il est évident que la Convention n'imagina le renouvellement partiel que pour retarder sa chute, que ce renouvellement par tiers ne prolongea au plus, elle et son gouvernement, que de trois ans, et qu'il n'eût pu durer sept ans, dix ans ou indéfiniment (sauf les événemens révolutionnaires d'une époque d'exception qui ne sont de rien dans une discussion de principes) que par la conservation intégrale de la Convention pendant sept ans, dix ans ou indéfiniment s'il eût été possible. Donc, et toujours en me renfermant dans le dilemme de l'auteur, la constitution de l'an 1814 ne peut se prolonger pendant sept ans, etc., que par la conservation intégrale de la chambre pendant sept ans, etc., si elle est possible.

J'ai lu les passages suivans dans un journal royaliste :

« La chambre qui s'adjugerait le bénéfice » de la septennalité adoptée par elle (par » conséquent la chambre résultant du re» nouvellement intégral), *outre-passerait ses* » *pouvoirs*. »

J'ai déjà eu occasion de répondre à ce hardi *non-sens*. La chambre ne s'adjuge rien ; c'est le parlement qui lui adjuge, et nulle loi, dans l'étendue que le pouvoir de droit divin assigne aux droits humains, *n'outre-passe les pouvoirs* du parlement.

« Elle se donnerait, dit encore ce journal, » une durée qu'il n'a été ni dans l'intention » des électeurs, ni dans l'esprit de la loi élec» torale de lui donner. »

Quant à l'intention des électeurs, elle ne peut conférer ni une durée, ni une autre, mais simplement une qualité législative. Et quant à l'esprit de la loi, l'esprit d'une loi ne peut être d'empêcher des lois subséquentes, et toute loi postérieure a un droit incontestable sur l'esprit de la loi antérieure.

Ce même journal ajoute : « La chambre qui » adoptera la septennalité ne peut en profiter. » Les nouveaux pouvoirs qu'elle exigera, ne » peuvent être confiés qu'à des députés élus » par suite de cette loi; la dissolution de la » chambre actuelle est donc une mesure su- » perflue. »

L'exemple de l'Angleterre prouve le contraire, car la chambre qui vota la septennalité en profita, et elle n'était même pas une chambre nouvelle, envoyée notoirement, et *ad hoc* dans ce but. Cette circonstance, il est vrai, n'est rien dans la forme et sous le rapport légal, mais elle est tout au fond, et dans les rapports qui justifient le vote de chaque député devant sa conscience, et celui de la chambre devant la sienne, puisqu'il n'est pas en France un électeur qui puisse dire qu'il ait élu sans savoir que c'était précisément pour cela, ni dans la chambre un député qui puisse ignorer que c'est précisément pour cela qu'il est élu.

Ce même journal dit encore, et avec un degré d'assurance qu'on pourrait nommer coupable s'il n'était risible. « Tout député *qui » aura le sentiment de sa propre dignité* se » croira obligé de voter contre le projet de » loi, par cela seul qu'il ne sera pas pré- » senté à sa conscience, mais à son inté- » rêt. »

Je crois juger de ma propre dignité aussi sainement que le journal qui s'en constitue l'arbitre, et je voterai pour le projet de loi, s'il est tel que je l'attends, parce qu'il *sera présenté à ma conscience,* qui n'ignore ni le droit qu'elle a de le faire, ni le vœu général qui l'invite à l'exercer.

« Les députés, dit enfin le même journal, » auront à examiner s'il est bien monarchi- » que qu'une chambre se donne des pouvoirs » pour sept ans...... Ce serait là un acte de » souveraineté, et par conséquent d'usur- » pation. »

Encore une fois, une chambre ne se donne point à elle seule des pouvoirs pour sept ans; une chambre ne fait point à elle seule un acte de souveraineté; mais le parlement fait des lois, par conséquent des actes de souveraineté;

il est le maître de faire la loi septennale comme toute autre, et de l'appliquer à la chambre des députés.

C'est un malheur ou un ridicule attaché au temps où nous sommes, et à l'idée qu'on s'y forme de l'opinion publique, que la facilité que chaque individu éprouve de s'en constituer l'organe, soit gratis, soit à tant par feuille, et de délivrer par milliers des expéditions de ses décrets. On a perdu la tradition de ces formules douteuses, de ces tours modestes, qui étaient jadis à l'usage des plus grands publicistes; et à voir la morgue magistrale avec laquelle on dogmatise, admoneste ou réprimande rois et ministres, magistrats ou législateurs, et de quelle hauteur on prend, sans se nommer, la France sous sa tutelle, on serait tenté de croire à un instinct de la médiocrité, qui compense la faiblesse par l'arrogance, et grandit ses échâsses à mesure que sa taille diminue.

Hâtons-nous d'achever cette pénible tâche et réunissons ici pour les réfuter, quelques autres citations de journaux royalistes; car, quoique j'aie également lu tout ce qu'ont écrit les autres, il n'entre point dans mon plan de combattre des idées qui sont chez eux naturelles et conséquentes. Je suis même contraint à regret d'avouer que j'ai trouvé, en général, dans leur agression, plus de mesure et de convenance que dans ceux d'où j'ai extrait et dont il me reste à extraire quelques passages.

« On doit blâmer, dit l'un d'eux, une me- » sure qui change le *certain* en incertain. » — Quel est ce *certain*? L'incertitude perpétuelle, point fixe dont nous ne sommes jamais sortis. Cette certitude ne représente pas mal celle de cet instrument de fer, qui, fixé et cramponné sur le toit d'un donjon, y reste éternellement fidèle au vent qui souffle.

« C'est une manière assez nouvelle de finir » les choses que de les changer, que de faire » de la fixité avec de l'instabilité, etc. » — Il y a beaucoup de choses qui ne finissent que par le changement, comme les maladies, les folies, les erreurs, les abus, etc. N'est-il pas plaisant d'invoquer la *fixité* du mal, et d'appeler *instabilité* le remède?

— « Avec le renouvellement intégral, le » trône prend un terrible engagement, c'est » d'avoir toujours un excellent ministère au » moment des élections. » — Vous avez eu de fort plats ministères, et ils ont fait ce qu'ils ont voulu.

— « Il nous faudra d'heureuses circonstan-

» ces tous les sept ans. » — La septennalité donnera ces circonstances, et dispensera d'un excellent ministère. Sans elle tout vous sera, chaque année, fâcheuse circonstance et ministère incapable.

— « Un repos de sept ans peut rouiller les » royalistes dans la tactique des élections. » — Il empêchera qu'ils aient besoin de tactique contre les révolutionnaires; toute autre tactique est indifférente.

— « Une petite fièvre peut affaiblir le ma- » lade, mais un violent accès peut l'empor- » ter. » — Pourquoi ne dirait-on pas aussi bien : « Le quinquina sauve le malade qu'une » fièvre négligée emporterait? »

— « On pense que cette mesure devrait » être différée..... Il eût fallu la remettre à » deux ans d'ici, quand le parti libéral eût » été totalement épuisé. » — Il l'est.

« Lors de l'assemblée constituante, le re- » nouvellement partiel eût empêché le ren- » versement de l'état. » — C'est là une pétition de principes; le renversement de l'état eût empêché le renouvellement partiel, comme il empêcha le vote par ordre, etc., parce que le renversement de l'état était plus vieux et plus fort que l'assemblée constituante.

— « La réélection partielle produisit, après

» la constitution de l'an III, la chambre » royaliste qui fut fructidorisée. » — Le renouvellement intégral, après la Convention, eût probablement empêché cette chambre royaliste d'être fructidorisée, et il faut dire, au contraire, qu'elle se forma malgré les obstacles que lui opposait la réélection partielle.

— « La monarchie n'a été sauvée, dans les » crises de nos dernières années, que par le » mode de renouvellement partiel qui per- » mit de mesurer tous les pas du mal, et enfin » de l'arrêter. » — Quoi! l'auriez-vous arrêté si vous aviez eu un ministre encore un peu plus aveugle ou coupable que celui d'alors? Il eût été son chemin, et vos renouvellemens partiels eussent continué dans la même route, jusqu'à ce que des whigs fussent venus vous faire une septennalité à leur profit. Cette ancre de salut pour le pouvoir, l'illégitimité l'eût saisie alors, et vous ne voulez pas que la légitimité la saisisse aujourd'hui!

— « Nous voyons, dans tous les états qui » ont un régime représentatif, *sauf l'Angle-* » *terre*, le mode de renouvellement partiel » adopté et en vigueur. » — Adopté, oui; en vigueur, non; car je ne vois rien encore de vigoureux dans les embryons de constitutions dont Bonaparte a semé l'Europe; on cite des constitutions naissantes, dictées, imposées, et on traite d'exception la seule qui ait pour elle l'expérience des siècles.

— « Qu'on suppose l'opinion publique corrompue par des factieux, et la complicité » de la peur ou de l'aveuglement dans le pouvoir; qu'on la voie dans cet état où elle » produisit Grégoire, et qu'on nous dise ce » que la France serait devenue, subissant » dans un pareil moment un renouvellement » intégral? » — Réduisons ceci à sa juste valeur. Qu'on suppose une bonne gendarmerie, un bon code pénal, et qu'on nous dise ce que le pays deviendra le jour que les voleurs seront maîtres de l'un et de l'autre. Cela revient à ceci : « Ne faites point de lois fortes » de peur qu'elles ne donnent force au crime » s'il s'en saisit, point de lois de durée, de » peur qu'elles ne fassent durer le vice s'il les » gouverne, point de fortifications de peur » que l'ennemi n'en profite s'il s'en empare. » Mais on fortifie les places pour que l'ennemi ne s'en empare pas; on a des lois et de la gendarmerie pour qu'il n'y ait pas de brigands; enfin le pouvoir légitime se retranche pour que le pouvoir illégitime ne puisse l'attaquer. Aimez-vous mieux qu'il reste faible et mobile de peur que la révolte ne vienne à se greffer sur sa force et sa stabilité? N'est-ce pas, au contraire, un moyen sûr d'encourager son audace; et si elle arrivait à ce pouvoir incontesté que vous possédez aujourd'hui, votre faiblesse lui servirait-elle d'exemple, et manquerait-elle de faire alors pour elle ce que vous refusez de faire pour vous aujourd'hui?

« — L'expérience n'a-t-elle pas déjà prouvé » que cet état de choses (la septennalité) ne » convient ni à nos mœurs, ni à nos habitu- » des? » — Quelle expérience! mais passons. Non, la septennalité ne convient pas, je l'espère, à des mœurs turbulentes et à des habitudes mobiles, et c'est précisément pour cela que je la demande. Est-ce sur les vices de la société qu'on prend mesure de ses lois?

— « On ne peut avoir oublié l'impatience qui » se manifestait de toute part en France » pendant *les dernières années de l'assem-* » *blée constituante.* » — La citation n'est pas heureuse, car cette assemblée n'a duré que deux ans. Mais n'importe, l'écrivain qui fait un si étrange rapprochement peut-il ignorer que la France était alors divisée en deux partis, dont l'un, fatigué de cette assemblée frénétique, désirait sa fin comme la fin de ses fureurs; et l'autre, plus frénétique qu'elle, la désirait comme le commencement des siennes! Sont-ce là les mœurs et les habitudes que l'écrivain invoque; et peut-on de sang-froid chercher des principes dans une anomalie comme la révolution française?

— « Une chambre septennale satisfera-t-elle » tous les besoins, tous les désirs? » — J'espère bien que non : il ne s'agit pas de satisfaire tous les besoins et tous les désirs, mais de borner les uns et de régler les autres.

« La carrière législative que cette chambre » fermera pendant sept ans aux ambitions » individuelles qui sont une conséquence du » gouvernement représentatif, n'élèvera- » t-elle pas contre elle une sorte de défiance » et de mauvaise volonté qui rendront tous » les jours sa position plus difficile? » — Je ne sais, mais il me semble que toutes les raisons que l'auteur donne contre la septennalité, seraient à tout esprit sensé d'excellentes raisons pour elle. De ce que les ambitions individuelles, trop nombreuses, trop énergiques pour la paix de l'état, sont une conséquence funeste du gouvernement représentatif, un germe de mort qu'il porte en lui-même, il ne s'ensuit pas qu'on doit les y exalter plus qu'ailleurs; mais au contraire, qu'on doit les y circonscrire plus soigneusement. Ce principe de restriction est poussé bien plus loin en Angleterre, où, par-dessus la septennalité, il faut d'immenses fortunes, de prodigieuses dépenses, ou de très-grandes cautions pour arriver au parlement. Les ambitions individuelles y sont donc solidement bridées et restreintes à un noyau étroit qui fait de cette chambre des communes, appelée la portion démocratique de l'état, une véritable aristocratie du second ordre. C'est sur cette base étroite donnée aux ambitions individuelles que repose depuis cent ans la paix de cette contrée. Que quant à la défiance et à la mauvaise volonté que pourrait inspirer une chambre septennale, ce ne peut être qu'à ceux qui se défient du repos des autres et qui ont en mauvaise volonté toute autre stabilité que la leur. C'est précisément contre cette sorte de gens que les lois stables et limitatives sont faites; et si malgré cela ils mettent encore la chambre dans une position difficile, cela prouvera seulement que l'état est encore en tempête, et qu'on aura négligé d'user de la durée septennale pour le régler par ces institutions dont elle doit être le moyen et la source.

— « La septennalité, qui est créée aujour-
» d'hui pour édifier, ne servira-t-elle pas un
» jour pour détruire? » — J'ai déjà répondu

à cette objection, « N'ayez point d'instrument » pour bâtir parce qu'ils peuvent servir pour » abattre, etc. » Je ne reviendrai pas sur un pareil raisonnement.

— « Qui oserait répondre des élections qui » se feront dans sept ans? »—La septennalité.

— « Si on fait des lois monarchiques dans » cet intervalle, à qui seront-elles con- » fiées ? »

— Je pourrais répondre, « aux enfans de la » septennalité ; » mais j'aime mieux retourner l'argument et demander : « Si pendant ces » sept ans on élit sept fois, quelles sont les » lois monarchiques qu'on fera ? »

— « Un renouvellement partiel est une ré- » paration sans secousse. » — Non, c'est une secousse sans réparation.

— » Les notabilités parlementaires man- » quent en France, la septennalité ne les ren- » dra-t-elle pas plus rares? » — J'aurais pensé directement le contraire : et en effet quel est le moyen de les rétablir ces notabilités? La paix, le crédit qui amasse de grandes fortunes, des lois sages qui les portent vers la propriété et les y fixent. De quoi pouvez-vous attendre ce que depuis neuf ans on n'a encore ni éprouvé ni tenté, si ce n'est d'une chambre qui ait le temps et la paix devant elle?

— « Au bout de sept ans tous ceux qui ont » pris part aux affaires seront usés par le » temps. »—Ici comme en beaucoup d'autres raisonnemens, le Constitutionnel est dans un parfait accord avec le journal royaliste que je cite. Il dit par exemple : « On n'a pas réfléchi » que prescrire la septennalité, c'était ôter au » gouvernement représentatif toute vigueur, » toute énergie, que c'était anticiper sa vieil- » lesse et le condamner à une caducité pré- » coce. » Je ne cite ici le Constitutionnel qu'en faveur de l'identité, car je trouve d'ailleurs les raisonnemens de ce genre très-convenablement placés dans sa feuille, et je n'entreprends pas leur réfutation ; mais quand je les rencontre dans une feuille royaliste, il faut répondre. Sept ans et quarante font quarante-sept, et quand vous y ajouteriez les huit années qui viennent de s'écouler, ce serait en tout cinquante-cinq. A l'une de ces deux époques est-on usé par le temps ou mûri par l'expérience ? Faudra-t-il traiter les législations comme le ministre Gouvion traitait les militaires ? Oublie-t-on l'étymologie du mot *sénat*, et est-ce sérieusement qu'on parle de vigueur et d'énergie à une assemblée de législateurs, au lieu de lui parler de sagesse et d'expérience ? Ah ! qu'une monarchie est malade quand ceux mêmes qui la soutiennent arrivent à de pareils raisonnemens ! Est-ce bien le même écrivain, qui dit ailleurs : « Nous verrons arriver des hommes tout nouveaux pris dans » cette jeunesse pleine aujourd'hui d'illusions » mensongères, peu accoutumée à respecter » le passé, etc. » Comment la plume qui a écrit des lignes si sages n'a-t-elle pas rayé les autres ? Mais si cette jeunesse est telle ou doit rester telle, en tout état de cause arrivera-t-elle donc moins à la chambre par le mode partiel que par le mode intégral ? Et dans le premier cas n'y viendra-t-elle pas dans le trouble et le provisoire, ce qui est bien plus funeste qu'après sept ans de calme et de fondation qui doivent travailler à la réformer comme le reste ?—L'élection partielle, direz-vous, permettra, si ce malheur arrive, de le voir venir par degrés, de le mesurer et d'y porter remède.—Et quel sera ce remède si ce n'est une peste, car votre mode d'élection quelconque n'empêchera pas cette jeunesse que vous redoutez de couvrir la France et d'être votre pépinière législative ? Mais rassurez-vous ; il n'y a réellement de pervertie que la jeunesse élevée pendant douze ans et par malheur pendant huit ans encore, d'abord à la licence avec le frein de l'esclavage, ensuite à la licence sans frein. Trois révolutions septennales sont devant vous avant qu'elle entre dans vos parlemens.

Mais rassurez-vous encore ; dans les jours de parti les meilleurs fruits croissent à côté des pires ; ils s'élèvent et s'affermissent l'un par l'autre ; les vertus et les vices n'y sont plus pêle-mêle au détriment des premières, mais ennemis, rangés sous deux bannières, et la vertu s'y conserve sans mélange. Je ne puis regarder sans consolation, sans m'anéantir devant la Providence, cette jeunesse à part, que la révolution même nous a faite comme pour se compenser et se détruire. Elle est un peu sauvage, elle n'a point les charmes que nous eûmes à son âge, mais elle a été jetée en bronze pour résister à l'âge où nous sommes et le plier à son tour. Je ne la compte pas, cette jeunesse, je la pèse ; je la vois dans cette élite de la société, dans cette haute minorité à qui le ciel donne partout la conduite des hommes. J'y vois les talens et le savoir dans une proportion décuple de l'autre ; l'évidence en éclate partout : j'y vois l'honneur, les sentimens, l'esprit de parti même à la garde de la vertu ; c'est donc là qu'est la force ; le vice n'est que la foule ; il aspire partout à fléchir. Eh ! si dans ce siècle déshonoré, qui ne restera que pour exemple dans notre histoire, dans ce siècle qui a vu monter toute cette écume brillante, dont s'est enivrée une société décrépite, si dans ce siècle les hautes classes, au lieu de verser le poison aux autres, eussent conservé leur sobriété intacte dans cette honteuse orgie, le vice et l'erreur méprisés eussent passé comme une ombre; ils eussent été vils, mais faibles; fous, mais gouvernés. Trente ans de maux nous ont rendu ces conditions; voilà l'instrument; législateurs, c'est à vous à faire les lois, ministres, c'est à vous à choisir les hommes.

Je terminerai cet appendice par une citation assez importante.

Un correspondant de *la Quotidienne* propose, dans son numéro du 19 décembre, d'interpréter la charte au lieu de la modifier. Voici comment.

En supposant, dit-il, un renouvellement intégral opéré par dissolution, les députés seront nommés pour cinq ans, et doivent être renouvelés par cinquième. Hé bien, au lieu de mettre la charte en contradiction avec elle-même, en les réduisant à un, deux, trois, quatre ou cinq ans, interprétez-la, en ne faisant le tirage des cinq séries que pour avoir lieu après cinq ans de permanence des députés actuels; la lettre de la charte ne s'y oppose pas. (C'est une erreur ; elle s'y oppose, puisqu'elle dit que les députés seront élus pour cinq ans, et de manière que la chambre soit renouvelée chaque année par cinquième, ce qui réduit chaque député à la chance de un, deux, trois, quatre ou cinq, au lieu que dans la proposition leur élection pour cinq ans s'étendrait par la chance à six sept, huit, neuf ou dix : ainsi, il n'y aurait point là interprétation, mais modification de la charte.) Voici ce que le correspondant présente de plus solide en faveur de sa proposition, c'est qu'elle offrirait le double avantage du renouvellement partiel et du renouvellement intégral au choix du gouvernement. Car si le renouvellement partiel lui convient, au bout de cinq ans d'exercice des mêmes députés, il entre dans cette rotation ; s'il ne lui convient pas, au bout des cinq ans révolus il dissout, et le nouveau renouvellement intégral lui donne une nouvelle chambre continue de cinq ans; il peut recommencer encore au bout de ces cinq autres années, et *in æternum;* ou bien il peut interrompre cette marche, quand il y trouve des inconvéniens pour rentrer dans le renouvellement partiel;

et de même quand la rotation du renouvellement partiel est établie, il peut, en cas d'inconvénient en sortir, et rentrer par la dissolution, dans la quinquennalité du renouvellement intégral.

J'avoue que ce plan est ingénieux et tout-à-fait favorable à l'autorité; mais ne serait-il pas, d'un autre côté, trop peu favorable à la chambre? Cela mérite d'être examiné.

Quoi qu'il en soit, cette proposition aurait l'avantage d'essayer le mode intégral, et de pouvoir l'abandonner, s'il ne convenait pas, sans une nouvelle loi, et une nouvelle modification à la charte.

Le correspondant finit ainsi : « Établir » ainsi *par la charte même* (je ne puis con- » céder ce point), les élections simultanées » et les élections périodiques, sans toutefois » abolir prématurément le renouvellement » partiel; soumettre à l'arbitrage du monar- » que, et à l'épreuve du temps, une mesure » qui n'a été jusqu'ici soutenue et contredite » que par des allégations opposées; accorder » à deux systèmes contraires ce qu'il y a de » plus essentiel dans les vues qui respecti- » vement les dirigent; tel est le but que nous » semblerait devoir atteindre *une simple in-* » *terprétation* de la législation existante. »

Je répète encore que ce n'est point une *simple interprétation*, mais une modification absolue de la charte. La question reste donc à savoir si cette modification est ou non préférable à celle de la septennalité.

FIN.

TABLE DES CHAPITRES.

FIN DE LA TABLE DES CHAPITRES.

www.ingramcontent.com/pod-product-compliance
Ingram Content Group UK Ltd.
Pitfield, Milton Keynes, MK11 3LW, UK
UKHW020143200726
13856UKWH00003B/823

9 782011 743701